ARTA CAKE POPS

Stăpâneşte arta Cake Pops cu 100 de reţete irezistibile

Elvira Şonda

Material cu drepturi de autor ©2024

Toate drepturile rezervate

Nicio parte a acestei cărți nu poate fi utilizată sau transmisă sub nicio formă sau prin orice mijloc fără acordul scris corespunzător al editorului și al proprietarului drepturilor de autor, cu excepția citatelor scurte utilizate într-o recenzie. Această carte nu trebuie considerată un substitut pentru sfaturi medicale, juridice sau alte sfaturi profesionale.

CUPRINS

CUPRINS 3
INTRODUCERE 6
CAKE POPS CU BRÂNZĂ 7
    1. CHEESECAKE POPS CU CIREȘE 8
    2. RED VELVET CREMA CHEESE CHEESE BALLS 11
    3. TORT CHEESECAKE CU CĂPȘUNI 14
    4. CAKE POPS CU CREMA DE VANILIE 17
    5. CONFETTI OREO CHEESECAKE POPS 19
    6. BROWNIE CHEESECAKE POPS 22
    7. CAKE POPS CU CREMĂ DE LĂMÂIE 25
    8. POPS CU CIOCOLATĂ CU BRÂNZĂ ȚESTOASĂ 28
    9. S'MORES CHEESECAKE POPS 30
    10. CHEESECAKE POPS CU ZMEURĂ 33
    11. CHEESECAKE POPS CU ZMEURĂ 35
    12. CHEESECAKE POPS CU SMOCHINĂ MISSION 37
    13. POPS CHEESECAKE CU BERRY 40
    14. CITRUS CHEESECAKE POPS 43
    15. CHEESECAKE POPS CU CIREȘE 46
    16. CHEESECAKE POPS CU CĂPȘUNI 49
    17. POPS CU LĂMÂIE ȘI AFINE 52
CAKE POPS DISTRACȚIUNI ȘI COLORATE 54
    18. CAKE POPS DIN VATĂ DE ZAHĂR 55
    19. FUNFETTI CONFETTI CAKE POPS 57
    20. CAKE POPS CU VANILIE ȘI STROPI 60
    21. TRUFFULA TREE CAKE POPS 63
    22. TORT DE ANIVERSARE POPCORN 66
    23. CAKE POPS CU SKITTLES LIOFILIZAT 68
    24. CAKE POPS DISTRACTIVE ȘI FESTIVE 70
    25. CAKE POPS CU VÂRTEJ CURCUBEU 72
    26. CAKE POPS CU UNICORN 74
    27. GALAXY CAKE POPS 76
CAKE POPS CU CIOCOLATA 78
    28. BILUȚE DE TORT CU CIOCOLATĂ 79
    29. CAKE POPS CU CIOCOLATĂ ȘI BOMBOANE TOPITE 82
    30. PRĂJITURI GERMANE DE CIOCOLATĂ 85
    31. CAKE POPS CU DOVLEAC ACOPERIT CU CIOCOLATĂ 88
    32. CAKE POPS CU CIOCOLATĂ ȘI PORTOCALE 90
    33. TRUFA DE CIOCOLATA ALBA CU HORCHATA 93
    34. CAKE POPS CU TRIPLE CIOCOLATĂ 96
    35. CAKE POPS CU CIOCOLATĂ ALBĂ 100

36. Cake Pops cu ciocolată cu mentă 102
37. Cake Pops cu ciocolată Starbucks 105
38. Pops cu ciocolată Espresso 108
39. Pops Red Velvet 110

CAKE POPS CU FRUCTE 112
40. Cake Pops cu Lămâie și Zmeură 113
41. Cake Pops cu tort cu căpșuni 116
42. Cake Pops cu lime cheie 119
43. Cake Pops pentru plăcintă cu mere 121
44. Pops de pepene verde 123
45. Cake Pops cu ciocolată și zmeură 126
46. Cake Pops cu afine, portocale, vanilie 129
47. Cake Pops cu fructe tropicale 133
48. Cake Pops cu capsuni kiwi 135
49. Cake Pops Banana Split 137
50. Cake Pops amestecat cu fructe de padure 139
51. Cake Pops cu susul în jos cu ananas 141
52. Cake Pops cu nucă de cocos și lămâie 143
53. Cake Pops cu ciocolată și zmeură 145
54. Cake Pops cu mere și scorțișoară 147

CAKE POPS FLORAL 149
55. Cake Pops cu iasomie 150
56. Hibiscus Cake Pops 152
57. Cake Pops cu mușețel și lămâie 154
58. Violet Cake Pops 156
59. Cake Pops cu trandafiri 158
60. Cake Pops cu miere de lavandă 160

CAKE POPS CU CEREALE 162
61. Froot Loops Cake Pops 163
62. Prăjituri cu fructe cu pietricele 165
63. Cake Pops cu cereale Trix 167
64. Cheerios Banana Cake Pops 170
65. Pâine prăjită cu scorțișoară 173
66. Cerealele de ciocolată Lucky Charms 175
67. Cake Pops cu cereale cu migdale și ciocolată 177
68. Nugat Pops 179

CAKE POPS CARAMEL 181
69. Dulce de Leche Cake Balls 182
70. Cake Pops cu gogoși și mere cu caramel 184
71. Biluțe de tort cu caramele sărate 187
72. Cake Pops cu ciocolată și caramel 190
73. Cake Pops cu nucă de cocos și caramel 192
74. Cake Pops cu nuci pecan și caramel 194

    75. Cake Pops cu banane cu caramel 196
COOKIE CAKE POPS 198
    76. Biscuiți și prăjituri cu cremă 199
    77. Biscoff Cake Pops 202
    78. Cake Pops cu biscuiți cu animale înghețate 204
    79. Cake Pops pentru prăjituri de aniversare 206
    80. Cake Pops pentru prăjituri cu bucăți de ciocolată 208
    81. Lofthouse Cookie Cake Pops 211
    82. Cake Pops din aluat de biscuiți 213
CAKE POPS DE VACANȚĂ 216
    83. Cake Pops de Ziua Îndrăgostiților 217
    84. Cake Pops de Halloween 219
    85. Cake Pops de Paște 221
    86. Cake Pops din 4 iulie 223
    87. Cake Pops de Ziua Recunoștinței 225
    88. Cake Pops de ziua Sf. Patrick 227
    89. Cake Pops pentru Hanukkah 229
    90. Pops de Crăciun 231
VEGGIE CAKE POPS 234
    91. Cake Pops cu dovlecei 235
    92. Prăjituri de ciocolată cu sfeclă roșie 237
    93. Cake Pops cu cartofi dulci 239
    94. Pumpkin Spice Cake Pops 241
    95. Ube Cake Pops 243
    96. Tort cu morcovi Pops 245
CAKE POPS DE NUCI SI SEMINTE 247
    97. Cake Pops cu Migdale Joy 248
    98. Cake Pops cu unt cu semințe de floarea soarelui 250
    99. Cake Pops cu fistic 252
    100. Pops cu semințe de mac de lămâie 254
CONCLUZIE 256

INTRODUCERE

Bine ați venit la „Arta Cake Pops", unde pornim într-o călătorie încântătoare în lumea beatitudinii mici. Cake pops, cu farmecul lor capricios și aromele irezistibile, au captat inimile și papilele gustative ale iubitorilor de deserturi de pe tot globul. În acest ghid cuprinzător, vom aprofunda în arta și tehnica din spatele creării acestor minuni în miniatură, oferind 100 de rețete irezistibile pentru a vă inspira aventurile de copt.

Magia cake pops constă în versatilitatea lor – nu sunt doar deserturi; sunt opere de artă comestibile. De la arome clasice precum vanilie și ciocolată până la combinații exotice precum catifea roșie și matcha, posibilitățile sunt nelimitate. Cu puțină creativitate și o notă de imaginație, poți transforma simple cake pops în piese centrale uimitoare pentru orice ocazie.

Dar stăpânirea artei cake pops depășește doar respectarea unei rețete. Este vorba despre înțelegerea științei coacerii, stăpânirea tehnicilor de modelare și decorare și infuzarea fiecărei creații cu dragoste și pasiune. Indiferent dacă sunteți un brutar experimentat sau un începător în bucătărie, această carte de bucate vă va ghida prin fiecare pas al procesului, de la amestecarea aluatului perfect de prăjitură până la stăpânirea artei scufundarii și decorarii.

Așadar, apucă-ți bolurile de mixare și pregătește-te să-ți dezlănțui artistul interior în timp ce ne îmbarcăm împreună în această călătorie dulce. Fie că gătești pentru o petrecere de naștere, un duș de mireasă sau doar o noapte confortabilă, „Arta Cake Pops" are ceva pentru toată lumea. Haideți să ne suflecăm mânecile, să ne curățăm șorțurile și să începem magia!

CAKE POPS cu brânză

1. Cheesecake Pops cu cireșe

INGREDIENTE:
Cheesecake:
- 2 căni de caju crude
- ½ cană de sirop de arțar pur
- ½ cană de lapte de cocos conservat
- 2 linguri de suc de lamaie
- Putina sare
- 1 cană grămadă de cireșe Montmorency proaspete

CRUSTĂ:
- 1 cana de jumatati de nuca cruda
- 6 curmale Medjool fără sâmburi
- ½ linguriță de extract de vanilie
- Putina sare

INSTRUCȚIUNI:
a) Începeți prin a înmuia caju în apă timp de cel puțin 15-30 de minute.
b) Pentru crusta, combinati nucile si curmalele intr-un robot de bucatarie pana se toaca marunt. Adăugați extractul de vanilie și pulsați până când amestecul se lipește. Tapetați o tavă cu hârtie de copt și apăsați ferm amestecul în fund pentru a crea crusta. Pus deoparte.
c) Odată ce nucile de caju sunt înmuiate, amestecați-le într-un robot de bucătărie cu sirop de arțar, lapte de cocos, suc de lămâie și sare până când sunt omogene și cremoase, asemănătoare hummusului. Acest lucru va dura aproximativ 5 până la 8 minute, în funcție de dimensiunea robotului de bucătărie. Turnați umplutura de cheesecake peste crusta pregătită și netezitți-o uniform.
d) Aranjați cireșele de tartă Montmorency deasupra cheesecake-ului și apăsați-le ușor în umplutură.
e) Introduceți 18 bețișoare de popsicle în cheesecake, așezând 3 bețe pe lățime și 6 pe lungime. Puneți cheesecake-ul la congelator până se fixează, aproximativ 4 ore.
f) Chiar înainte de servire, scoateți cheesecake-ul din congelator și lăsați-l să se dezghete ușor timp de 5-10 minute până este suficient de moale pentru a fi feliat.
g) Tăiați cheesecake-ul în jurul bețelor pentru a forma 18 pop-uri și serviți imediat. Resturile pot fi păstrate la congelator până când sunt gata de mâncare.

2.Red Velvet Crema Cheese Cheese Balls

INGREDIENTE:
PENTRU BILELE DE CAKET:
- 1 cutie de amestec de prajituri de catifea rosie
- ½ cană de unt nesărat, înmuiat
- ½ cană de zară
- 3 ouă mari

PENTRU GLAURA DE BRÂNZĂ:
- 1 pachet (8 uncii) de brânză cremă, înmuiată
- ¼ cană de unt nesărat, înmuiat
- 3 căni de zahăr pudră
- 1 lingurita de extract de vanilie

PENTRU ACOPERIMENTUL DE DULCE:
- 12 uncii de bomboane albe topite sau chipsuri de ciocolată albă
- Colorant alimentar în gel roșu (opțional)
- Pesmet de tort Red Velvet (pentru garnitură, opțional)

PENTRU MONTAREA BILUTELOR DE TORȚ:
- Bețișoare de cake pop sau bețișoare de acadele

INSTRUCȚIUNI:
PENTRU BILELE DE CAKET:
a) Preîncălziți cuptorul la temperatura specificată pe cutia de amestec pentru tort.
b) Ungeți și făinați o tavă de copt sau tapetați-o cu hârtie de copt.
c) Într-un castron, pregătiți amestecul de prăjitură de catifea roșie conform instrucțiunilor de pe ambalaj, folosind unt nesărat, lapte de unt și ouă.
d) Coacem prajitura in cuptorul preincalzit pana cand o scobitoare introdusa in centru iese curata.
e) Lăsați tortul să se răcească complet.

PENTRU GLAURA DE BRÂNZĂ:
f) Într-un castron separat, bateți crema de brânză moale și untul până devine omogen și cremos.
g) Adăugați treptat zahărul pudră și extractul de vanilie și continuați să bateți până când glazura este netedă și tartinabilă.

PENTRU A ASSAMLA BILELE DE PRACTIC:

h) Se sfărâmă tortul răcit în firimituri fine folosind mâinile sau un robot de bucătărie.
i) Amestecați glazura cu cremă de brânză în firimiturile de tort până se combină bine.
j) Rulați amestecul în bile mici de prăjitură, cam de dimensiunea unei mingi de ping-pong, și așezați-le pe o tavă de copt tapetată cu pergament.
k) Răciți biluțele de tort la frigider pentru aproximativ 30 de minute sau până când sunt ferme.

PENTRU ACOPERIMENTUL DE DULCE:
l) Topiți bomboane albe topite sau fulgi de ciocolată albă conform instrucțiunilor de pe ambalaj, folosind un cuptor cu microunde sau un boiler.
m) Opțional, adăugați câteva picături de colorant alimentar în gel roșu pe stratul de bomboane topite pentru a obține o culoare roșie vibrantă.

A TERMINA:
n) Înmuiați vârful unui baton de prăjitură în învelișul de bomboane topite și introduceți-l în centrul unei bile de prăjitură răcită, cam la jumătatea drumului.
o) Înmuiați întreaga bila de tort în stratul de bomboane topite, asigurându-vă că este complet acoperită.
p) Opțional, ornați fiecare bilă de tort cu o stropire de firimituri de tort de catifea roșie pentru o notă fermecătoare.
q) Așezați bilele de prăjitură în poziție verticală într-un bloc de polistiren sau într-un suport de prăjitură pentru a permite stratului de bomboane să se întărească complet.

3.Tort Cheesecake cu căpșuni

INGREDIENTE:
PENTRU BILELE DE CAKET:
- 1 cutie de amestec de tort cu capsuni
- ½ cană de unt nesărat, înmuiat
- ½ cană de lapte integral
- 3 ouă mari

PENTRU Umplutura de cheesecake:
- 1 pachet (8 uncii) de brânză cremă, înmuiată
- ¼ cană de zahăr granulat
- 1 lingurita de extract de vanilie

PENTRU ACOPERIMENTUL DE DULCE:
- 12 uncii de bomboane albe topite sau chipsuri de ciocolată albă
- 2 linguri de ulei vegetal sau shortening

PENTRU GLAZA DE CAPSUNI:
- 1 cana de capsuni proaspete, tocate
- ¼ cană de zahăr granulat
- 1 lingura de amidon de porumb
- 1 lingura de apa

PENTRU MONTAREA BILUTELOR DE TORȚ:
- Bețișoare de cake pop sau bețișoare de acadele

INSTRUCȚIUNI:
PENTRU BILELE DE CAKET:
a) Preîncălziți cuptorul la temperatura specificată pe cutia de amestec pentru tort.
b) Ungeți și făinați o tavă de copt sau tapetați-o cu hârtie de copt.
c) Într-un castron, pregătiți amestecul de prăjitură cu căpșuni conform instrucțiunilor de pe ambalaj, folosind unt nesărat, lapte integral și ouă.
d) Coacem prajitura in cuptorul preincalzit pana cand o scobitoare introdusa in centru iese curata.
e) Lăsați tortul să se răcească complet.

PENTRU Umplutura de cheesecake:
f) Într-un castron separat, bateți crema de brânză moale, zahărul granulat și extractul de vanilie până devine omogen și cremos.
g) Pentru a asambla bilele de tort:

h) Se sfărâmă tortul răcit în firimituri fine folosind mâinile sau un robot de bucătărie.
i) Amestecați umplutura de cheesecake în firimiturile de tort până se omogenizează bine.
j) Rulați amestecul în bile mici de prăjitură, de dimensiunea unei mingi de ping pong, și așezați-le pe o foaie de copt tapetată cu pergament.
k) Răciți bilele de tort la frigider pentru aproximativ 30 de minute sau până când sunt ferme.

PENTRU ACOPERIMENTUL DE DULCE:
l) Într-un castron sigur pentru cuptorul cu microunde, topiți bomboane albe topite sau fulgi de ciocolată albă cu ulei vegetal sau scurtare la intervale scurte, amestecând între ele până la omogenizare.

PENTRU GLAZA DE CAPSUNI:
m) Într-o cratiță, combinați căpșunile tocate, zahărul granulat, amidonul de porumb și apa.
n) Gatiti la foc mediu, amestecand continuu pana cand amestecul se ingroasa si capsunile se descompun intr-o consistenta asemanatoare glazurii.
o) Se ia de pe foc si se lasa glazura de capsuni sa se raceasca.

A TERMINA:
p) Înmuiați vârful unui bețișor de prăjitură în stratul de bomboane topite și introduceți-l în centrul unei bile de prăjitură răcită, cam la jumătatea drumului.
q) Înmuiați întreaga bila de tort în stratul de bomboane topite, asigurându-vă că este complet acoperită.
r) Stropiți fiecare minge de tort cu glazură de căpșuni răcită pentru un finisaj încântător.
s) Așezați bilele de prăjitură în poziție verticală într-un bloc de polistiren sau într-un suport de prăjitură pentru a permite stratului de bomboane să se întărească complet.

4.Cake Pops cu crema de vanilie

INGREDIENTE:
- 1 cutie de amestec galben de tort
- 2 linguri de glazura cu crema de branza
- 1 formator de bile de tort
- 24 de bețișoare de cake pop
- 16 uncii de ciocolată topită
- 1 lingura de scurtator (divizat)
- Opțional: colorant alimentar, stropi, cutie de polistiren

INSTRUCȚIUNI:

a) Pregătiți amestecul galben de tort conform instrucțiunilor de pe ambalaj.

b) Lăsați tortul să se răcească, apoi sfărâmă-l cu mâna în firimituri fine.

c) Amestecați glazura cu cremă de brânză în firimiturile de tort până când amestecul devine modelabil, asemănător cu aluatul.

d) Formați amestecul în 24 de bile folosind mâinile.

e) Topiți o cantitate mică de ciocolată.

f) Înmuiați vârfurile fiecărui baton de prăjitură în ciocolata topită, apoi introduceți-le în biluțele de tort.

g) Pune bilele de tort la congelator timp de 15 minute pentru a se întări.

h) Topiți 8 uncii de ciocolată în trepte de 40 de secunde până la omogenizare, având grijă să nu se supraîncălziți.

i) Adăugați ½ lingură de shortening la ciocolata topită, dacă este necesar, pentru a obține o consistență mai subțire.

j) Optional, incorporati colorant alimentar in ciocolata.

k) Turnați ciocolata topită într-un pahar înalt pentru o scufundare mai ușoară.

l) Înmuiați fiecare bilă de tort în ciocolata topită, lăsând orice exces să se scurgă în timp ce rotiți bila de tort.

m) Adăugați rapid stropii înainte ca ciocolata să se întărească.

n) Puneți cake pop-urile acoperite pe hârtie de pergament sau introduceți bețișoarele într-un bloc de polistiren pentru a se fixa.

o) Repetați procesul de scufundare pentru bilele de prăjitură rămase.

p) Pune cake pops-urile la frigider până când sunt gata pentru a fi servite sau transportate.

5. Confetti Oreo Cheesecake Pops

INGREDIENTE:
- 8 uncii cremă de brânză, înmuiată
- ½ cană (60 g) zahăr pudră
- ¼ cană (58 g) smântână
- 6 linguri (90 ml) cremă de prăjituri Oreo
- ½ cană prăjituri Oreo, zdrobite
- 3 linguri Sprinkles, plus suplimentar pentru topping
- 18 mini fursecuri Oreo
- 12 uncii de ciocolată albă topită

INSTRUCȚIUNI:

a) Într-un mixer cu un atașament cu paletă, amestecați crema de brânză moale, zahărul pudră, smântâna și crema cu aromă de prăjituri Oreo până devine omogen și cremos.
b) Se amestecă prăjiturile Oreo zdrobite și se presară până se omogenizează bine.
c) Folosește o linguriță pentru prăjituri pentru a porți 18 bile pe o tavă tapetată cu hârtie de copt. Dați tava la congelator pentru cel puțin 2 ore, sau până când bilutele sunt ferme.
d) Topiți ciocolata albă într-un vas mic.
e) Odată ce bilele sunt complet înghețate, modelați fiecare linguriță într-o bilă folosind palma mâinilor.
f) Înmuiați capătul unui bețișor de acadele în ciocolata topită, apoi introduceți-l într-o bilă. Puneți bilele la congelator pentru încă o oră pentru a vă asigura că bețișoarele sunt în siguranță și bilele sunt ferme.
g) Împărțiți cele 18 mini fursecuri Oreo în jumătate. Pune deoparte jumătățile cu smântână și zdrobește jumătățile rămase în firimituri.
h) Reîncălziți ciocolata după cum este necesar. Înmuiați fiecare minge în ciocolata topită, eliminând orice exces.
i) Așezați bilele acoperite pe o tavă tapetată cu hârtie de copt și presărați imediat mini pesmet Oreo zdrobit pe jumătatea superioară a fiecărei bile. Repetați pentru toate bilele.
j) Pregătiți un castron mic cu stropi. Înmuiați jumătatea inferioară a fiecărei bile înapoi în ciocolata topită, apoi acoperiți-o cu stropi. Întoarceți bilele acoperite în tavă.
k) Împărțiți mini fursecurile Oreo în jumătate și atașați-le de bile cu puțină ciocolată topită.
l) Pune pops-urile la frigider până chiar înainte de servire. Bucurați-vă!

6. Brownie Cheesecake Pops

INGREDIENTE:
- 1 plic (10,25 uncii) amestec de fudge brownie
- Apă, ulei vegetal și ou sunt necesare pe punga pentru amestecul de brownie
- 3 pachete (8 uncii fiecare) de cremă de brânză, înmuiată
- 1 cană de unt de arahide cremos
- ¾ cană zahăr
- 4 ouă
- 24 bețe de artizanat (bețișoare plate din lemn cu capete rotunde)
- 1 cană chipsuri de ciocolată neagră (6 uncii)
- ½ cană smântână pentru frișcă
- 4 dreptunghiuri graham cracker, zdrobite

INSTRUCȚIUNI:

a) Preîncălziți cuptorul la 350°F. Pulverizați o tigaie pătrată de 8 inci cu spray de gătit. Pregătiți și coaceți amestecul de brownie conform instrucțiunilor de pe pungă, folosind apă, ulei și ou. Se lasa sa se raceasca complet.

b) Reduceți temperatura cuptorului la 300°F. Tapetați fundul și părțile laterale ale unei tigăi de 13x9 inci cu folie, lăsând folia să atârne pe două părți opuse ale tigaii. Pulverizați folia cu spray de gătit. Într-un castron mare, bateți crema de brânză, untul de arahide și zahărul cu un mixer electric la viteză medie, până devine ușor și pufos. Adauga ouale pe rand, batand pana se omogenizeaza. Tăiați brownies-urile răcite în bucăți de ½ inch. Se amestecă bucățile de brownie în aluat, apoi se toarnă amestecul în tava pregătită.

c) Coaceți timp de 45 până la 50 de minute sau până când centrul este fixat. Se răcește pe un grătar timp de 30 de minute. Se da la frigider pentru cel putin 6 ore sau peste noapte. Folosiți folia pentru a ridica cheesecake-ul din tavă, apoi tăiați-l în 8 rânduri pe 3 rânduri. Apăsați un băț de artizanat 1 ½ inci într-un capăt al fiecărei bucăți de cheesecake.

d) Într-un castron care poate fi folosit la microunde, puneți la microunde bucățile de ciocolată și smântâna pentru frișcă descoperite la foc mare timp de 1 până la 2 minute sau până când amestecul poate fi amestecat omogen. Se răcește timp de 5 minute.

e) Înmuiați fiecare cheesecake pe jumătate în ciocolată, apoi înmuiați părțile laterale în firimiturile de biscuit graham zdrobite. Păstrați pop-urile la frigider. Bucurați-vă!

7.Cake Pops cu cremă de lămâie

INGREDIENTE:
CAKE POPS:
- 1 lot de prăjitură cu lămâie-unt, copt și răcit
- 1 lot de glazura cu crema de branza
- 1–2 pachete de bomboane albe de vanilie se topesc
- Colorant Candy Melt (optional)
- Stropi (opțional)
- 50 de bețișoare de acadele de 4 inci

Prăjitură cu lămâie:
- 3 ½ căni (349 grame) de făină de prăjitură
- 2 cesti (383 grame) zahar granulat
- 1 lingura praf de copt
- ½ lingurita sare
- 1 cana unt nesarat (2 batoane, 459 grame), temperatura camerei
- 1 cană de zară (3,5 dl), la temperatura camerei
- 4 ouă mari, la temperatura camerei
- 2 albusuri mari, la temperatura camerei
- 1 lingurita extract de vanilie
- 1 lingurita extract de lamaie
- Coaja unei lămâi mari sau a două mici

GLAURA DE BRÂNZĂ:
- 16 uncii (454 grame) cremă de brânză, înmuiată
- ½ cană unt nesărat (230 grame), temperatura camerei
- 1 lingurita extract de vanilie
- 2 ½ căni (325 grame) de zahăr de cofetă
- Vârf de cuțit de sare

INSTRUCȚIUNI:
CAKE POPS:
a) Se sfărâmă prăjiturile răcite cu zară de lămâie într-un castron mare folosind degetele până se rupe în bucăți de mărimea unui bob de mazăre.

b) Se amestecă aproximativ ⅔ din glazura cu cremă de brânză până se dispersează uniform. Adăugați mai mult glazură, dacă este necesar, până când amestecul este suficient de umed pentru a se transforma în bile intacte.

c) Rulați amestecul de prăjitură în bile (aproximativ 2 linguri fiecare) și puneți-le pe o foaie de copt tapetată cu hârtie de copt sau de copt. Răciți la frigider pentru aproximativ 30 de minute.

d) După răcire, introduceți un bețișor de acadele în fiecare bilă de tort, scufundând aproximativ ½ inch din baton în bomboane topite pentru a adera.

e) Puneți prajitura din nou pe pergament și congelați timp de 30-60 de minute înainte de acoperire pentru a facilita scufundarea.

f) Odată răcit, înmuiați fiecare prăjitură în bomboane topite, asigurându-vă că acoperirea acoperă unde este atașat bastonul. Îndepărtați excesul de acoperire și decorați cu stropi, dacă doriți.

g) Lăsați cake pops să se usuce în poziție verticală timp de cel puțin o oră înainte de ambalare sau servire.

Prăjitură cu lămâie:

h) Preîncălziți cuptorul la 350°F. Unt și făină două tavi rotunde pentru tort de 8 sau 9 inci.

i) În bolul unui mixer cu stand, cerneți sau amestecați împreună făina de prăjitură, zahărul, praful de copt, sarea și coaja de lămâie. Adăugați untul și jumătate din zară, apoi bateți la viteză medie-mică până se omogenizează și se omogenizează.

j) Într-un castron separat, amestecați ouăle, albușurile, restul de zară, extractul de vanilie și extractul de lămâie. Adăugați la aluat în 3 adăugiri, amestecând la viteză medie timp de 2 minute după fiecare adăugare.

k) Împărțiți aluatul uniform între tigăile pregătite și coaceți timp de 35-40 de minute sau până când o scobitoare introdusă în centru iese curată. Se răcește în tigăi înainte de a le pune pe gratele de sârmă pentru a se răci complet.

GLAURA DE BRÂNZĂ:

l) Într-un mixer cu stand, combinați cremă de brânză moale și untul, batând la viteză medie-mare până se omogenizează.

m) Adauga extract de vanilie si sare, amestecand pana se incorporeaza.

n) Adaugati treptat zaharul de cofetarie, batand pana devine usor si pufos, aproximativ 3-4 minute.

8.Pops cu ciocolată cu brânză țestoasă

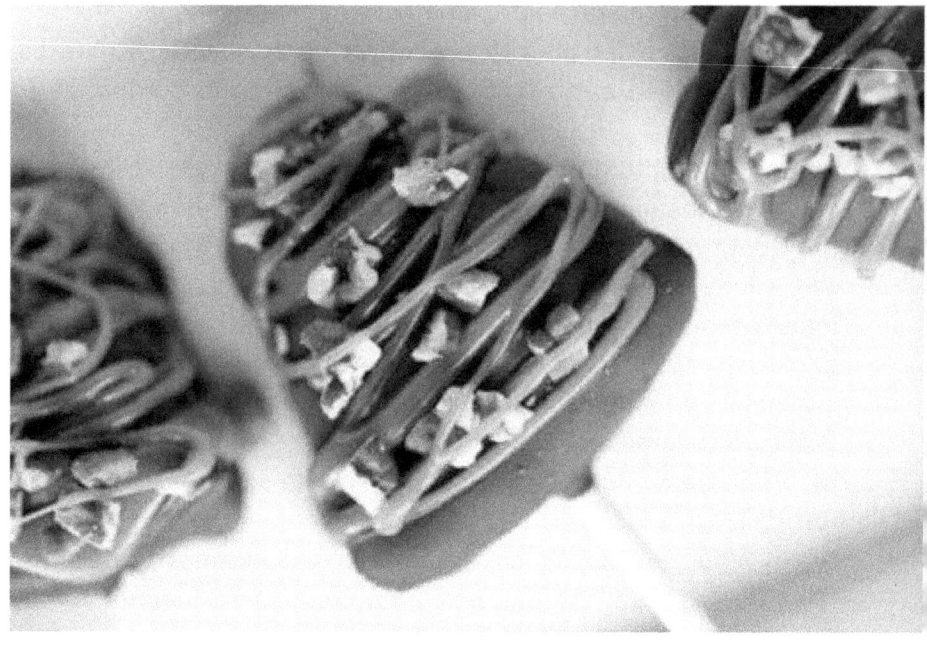

INGREDIENTE:
- 1 cheesecake congelat cumpărat din magazin, dezghețat (cum ar fi Sara Lee)
- 2 căni de chipsuri de ciocolată semidulce
- 2 linguri pline de ulei de cocos sau ulei vegetal
- 20 de caramele
- 2 linguri smantana groasa
- ⅓ cană nuci pecan tocate

INSTRUCȚIUNI:
a) Tăiați cheesecake-ul dezghețat în 8 felii triunghiulare. Introduceți un bețișor de popsicle în partea laterală a fiecărei felii. Puneți feliile cu bețișoare de popsicle la congelator timp de 2 ore.
b) Într-un castron sigur pentru cuptorul cu microunde, combinați fulgii de ciocolată și uleiul de cocos sau uleiul vegetal. Puneți la microunde la putere maximă timp de 1 minut. Se amestecă până se topește complet. Puneți la microunde încă 15-30 de secunde dacă este necesar.
c) Scoateți feliile de cheesecake din congelator. Țineți câte o felie peste bolul cu ciocolată topită și puneți ciocolata peste cheesecake până este complet acoperită. Așezați fiecare felie acoperită cu ciocolată pe o foaie de prăjituri tapetată cu hârtie de pergament sau ceară. Repetați pentru feliile rămase.
d) Pentru stropirea de caramel, încălziți caramelele și smântâna groasă într-un castron sigur pentru cuptorul cu microunde la 50% putere, amestecând la fiecare 30 de secunde, până se topesc și se omogenizează.
e) Se stropesc caramelul topit peste feliile de cheesecake acoperite cu ciocolata si se presara deasupra nuci pecan tocate. Faceți această felie pe rând, deoarece caramelul se usucă repede.
f) Păstrați prăjiturile de ciocolată cu brânză de broasca testoasă acoperite la frigider până la 5 zile.
g) Bucurați-vă de delicioasele voastre delicioase de prăjitură cu brânză cu țestoasă!

9.S'mores Cheesecake Pops

INGREDIENTE:
- 10 biscuiți graham
- 8 linguri de unt, topit
- 16 uncii cremă de brânză, înmuiată
- ½ cană de zahăr pudră
- 2 lingurite extract de vanilie
- 3 cani de mini marshmallows
- 4 uncii de ciocolată albă, topită
- 16 uncii de ciocolată cu lapte sau ciocolată neagră, topită
- 2 lingurite ulei de cocos, optional

INSTRUCȚIUNI:
a) Într-o pungă de congelator sau într-un robot de bucătărie, zdrobiți biscuiții Graham până la o consistență asemănătoare nisipului. Adăugați untul topit și amestecați până se omogenizează.
b) Transferați amestecul într-o tavă de copt de 8x8 inchi (20x20 cm) tapetată cu hârtie de copt și împachetați-l ferm pentru a forma „crusta". Congelați până când amestecul de cheesecake este gata.
c) În timp ce crusta îngheață, combinați crema de brânză, zahărul și extractul de vanilie și amestecați până la omogenizare.
d) Întindeți marshmallow-urile pe o foaie de copt tapetată cu hârtie de copt. Prăjiți marshmallows timp de aproximativ 1-2 minute, urmărindu-vă cu atenție pentru a vă asigura că nu se ard, ci devin maro auriu pentru o aromă prăjită.
e) Răzuiți cu grijă bezele prăjite de pe foaie în amestecul de cheesecake. Amestecați bine.
f) Transferați amestecul de cheesecake cu marshmallow prăjit în tava de copt deasupra crustei și neteziți până la omogenizare.
g) Congelați cel puțin 1 până la 2 ore până când amestecul este suficient de ferm pentru a fi tăiat. Scoateți cheesecake-ul setat din farfurie și tăiați-l în forme pătrate chiar, în funcție de dimensiunea dorită pentru pops.
h) Înmuiați fiecare baton în ciocolată albă topită și puneți-l în fiecare pătrat tăiat pentru a fixa bețișoarele în cheesecake. Congelați până se solidifică, aproximativ o oră.

i) Puneți ciocolata cu lapte (sau neagră) la microunde în trepte de 15 până la 30 de secunde pentru a se topi, amestecând bine de fiecare dată. Adăugați ulei de cocos dacă ciocolata pare prea groasă pentru înmuiere.

j) Înmuiați setul pops în ciocolată și stați în poziție verticală pentru a se fixa (o cutie de carton sau o bucată de polistiren funcționează cel mai bine dacă nu aveți un suport).

k) Decorați cu ciocolata albă rămasă și biscuiți graham zdrobiți.

l) Bucurați-vă de delicioaselele voastre S'mores Cheesecake Pops!

10.Cheesecake Pops cu zmeură

INGREDIENTE:
- 2 linguri smântână grea
- 8 uncii de brânză cremă, înmuiată
- ½ cană de Swerve cu pulbere
- Un praf de sare de mare
- 1 lingurita Stevia de vanilie
- 1 ½ linguriță extract de zmeură
- 2-3 picături de colorant alimentar roșu natural
- ¼ cană ulei de cocos, topit
- 1 ½ cană Chips de ciocolată, fără zahăr

INSTRUCȚIUNI:
a) Pentru a începe, utilizați un mixer pentru a combina bine virajul și crema de brânză până devine cremoasă.
b) Combinați smântâna, extractul de zmeură, stevia, sarea și colorantul alimentar într-un castron mare.
c) Aveți încredere că totul este bine combinat.
d) Adăugați uleiul de cocos și amestecați la maxim până când totul este bine combinat.
e) Nu uitați să răzuiți părțile laterale ale vasului de câte ori aveți nevoie pentru a termina. Lăsați-l să stea la frigider timp de o oră. Turnați aluatul într-o lingură de prăjituri cu diametrul de aproximativ ¼ inch și apoi pe o foaie de copt pregătită cu hârtie de copt.
f) Congelați acest amestec timp de o oră, apoi ungeți-l cu ciocolata topită pentru a termina! Ar trebui să fie pus la frigider încă o oră pentru a se întări înainte de servire.

11.Cheesecake Pops cu zmeură

INGREDIENTE:
- 1 cana crema de branza, moale
- 1/2 cană firimituri de biscuiți Graham
- 1/4 cană gem de zmeură
- 1 cană chipsuri de ciocolată albă
- 1 lingura ulei de cocos

INSTRUCȚIUNI:

a) Într-un castron, amestecați crema de brânză, firimiturile de biscuiți Graham și dulceața de zmeură până se omogenizează.

b) Formați amestecul în bile mici și puneți-le pe o tavă de copt tapetată.

c) Topiți chipsurile de ciocolată albă cu ulei de cocos într-un cuptor cu microunde sau folosind un boiler.

d) Înmuiați fiecare minge de cheesecake în ciocolata albă topită, acoperind uniform.

e) Puneți bilele acoperite înapoi pe tava de copt și dați la frigider până când ciocolata se întărește.

f) Serviți rece și bucurați-vă de aroma de cheesecake cu zmeură!

12.Cheesecake Pops cu smochină Mission

INGREDIENTE:
PENTRU Pops:
- 1 1/2 cană de biscuiți graham zdrobiți
- 1/4 cana unt nesarat, topit
- 1 cana crema de branza, moale
- 1/4 cană zahăr pudră
- 1/4 cană conserve de smochine
- 1/2 lingurita extract de vanilie
- Vârf de cuțit de sare
- 1 cană smochine de misiune uscate, tocate mărunt
- 8 uncii de ciocolată albă, pentru scufundare
- 1 lingura ulei vegetal

PENTRU COMPOTUL DE SCHICHE:
- 1 cană smochine de misiune uscate, tocate
- 1/2 cană apă
- 1/4 cană zahăr
- 1/2 lingurita coaja de lamaie
- 1/2 lingurita suc de lamaie

PENTRU GANACHE:
- 4 uncii de ciocolată semidulce, tocată
- 1/2 cană smântână groasă

INSTRUCȚIUNI:
PREGĂTIȚI COMPOTUL DE SCHICHE:
a) Într-o cratiță mică, combinați smochinele uscate tocate, apa, zahărul, coaja de lămâie și sucul de lămâie.
b) Aduceți amestecul la fiert la foc mediu, apoi reduceți focul la mic și lăsați-l să fiarbă aproximativ 10 minute, sau până când smochinele sunt moi și amestecul s-a îngroșat.
c) Se ia de pe foc si se lasa sa se raceasca. Puteți păstra orice compot în plus la frigider.

FACEȚI Umplutura de cheesecake:
d) Într-un castron mediu, combinați crema de brânză, zahărul pudră, conservele de smochine, extractul de vanilie și un praf de sare.
e) Se amestecă până când toate ingredientele sunt bine combinate și netede.

ASSAMBLAȚI POP-urile:
f) Într-un castron separat, combinați biscuiții graham zdrobiți și untul topit. Se amestecă până când firimiturile sunt acoperite uniform cu unt.
g) Luați o cantitate mică de amestec de biscuiți Graham și apăsați-o în fundul unei forme de silicon sau a unei tăvi obișnuite pentru cuburi de gheață, creând un strat de crustă.
h) Pune o cantitate mică de umplutură de cheesecake peste crusta de biscuit Graham în fiecare formă.
i) Adăugați o lingură mică de compot de smochine deasupra umpluturii de cheesecake.
j) Presarati peste compot un praf generos de smochine de misiune uscate tocate marunt.
k) Acoperiți fiecare formă cu mai multă umplutură de cheesecake, acoperind complet compotul de smochine.
l) Congelați formele pentru cel puțin 2 ore, sau până când sunt solide.

FACETI GANACHE DE CIOCOLATA:
m) Într-un castron sigur pentru cuptorul cu microunde, combinați ciocolata semidulce tocată și smântâna groasă.
n) Puneți la microunde la intervale de 30 de secunde, amestecând între ele, până când ciocolata este complet topită și amestecul este omogen. Alternativ, puteți topi ciocolata pe plită folosind un boiler dublu.

ASSAMBLAȚI POP-urile:
o) Scoateți Cheesecake Pops congelat din forme.
p) Într-un castron sigur pentru cuptorul cu microunde, topește ciocolata albă și uleiul vegetal la intervale de 30 de secunde, amestecând între ele, până se omogenizează.
q) Înmuiați fiecare Pops în ciocolata albă topită, asigurându-vă că sunt acoperite uniform. Lăsați orice exces de ciocolată să se scurgă.
r) Puneți Pops-urile acoperite pe o tavă tapetată cu hârtie de copt.
s) Stropiți ganache de ciocolată peste Pops și lăsați-l să se întărească.
t) Serviți și bucurați-vă de Pops Cheesecake cu smochini de la Mission!

13. Pops Cheesecake cu Berry

INGREDIENTE:
PENTRU Umplutura de cheesecake cu fructe de padure:
- 8 oz cremă de brânză, înmuiată
- 1/4 cană zahăr pudră
- 1/2 lingurita extract de vanilie
- 1/2 cană amestec de fructe de pădure (căpșuni, afine, zmeură etc.), tocate mărunt

PENTRU ACOPERIA EXTERIORĂ DE CIOOCOLATĂ:
- 8 oz ciocolată semidulce sau neagră de bună calitate, tocată
- 1 lingură ulei vegetal sau ulei de cocos (opțional, pentru o acoperire mai fină)

INSTRUCȚIUNI:
PREGĂTIȚI Umplutura de cheesecake cu fructe de pădure:
a) Într-un castron, bateți crema de brânză moale până devine netedă și cremoasă.
b) Adăugați zahărul pudră și extractul de vanilie și amestecați până se omogenizează bine.
c) Incorporati usor fructele de padure tocate marunt, avand grija sa nu amestecati prea mult pentru a mentine textura.

FORMAȚI Umplutura:
d) Tapetați o tavă sau o tavă de copt cu hârtie de copt.
e) Folosind o lingură mică sau un bile de pepene galben, scoateți porții mici din umplutura de cheesecake și modelați-le în bile mici. Așezați-le pe hârtie de pergament.
f) Dați tava la congelator pentru aproximativ 20-30 de minute pentru a întări umplutura de cheesecake.

PREGĂTIȚI învelișul de ciocolată:
g) Într-un bol care poate fi utilizat în cuptorul cu microunde sau folosind un boiler, topește ciocolata tocată. Dacă folosiți, adăugați ulei vegetal pentru a crea un strat de ciocolată mai fin și mai subțire.

COAT THE Pops:
h) Scoateți umplutura de cheesecake din congelator.
i) Cu o furculiță sau o scobitoare, înmuiați fiecare minge de cheesecake în ciocolata topită, asigurându-vă că este complet acoperită.

j) Lăsați excesul de ciocolată să se scurgă, apoi puneți Popsurile acoperite înapoi pe tava tapetată cu hârtie de pergament.

Răciți și puneți:

k) Puneți tava cu Pops-urile acoperite la frigider și lăsați-le să se răcească aproximativ 30 de minute, sau până când stratul de ciocolată se întărește.

l) Odată ce Pops-urile sunt complet întărite, le puteți transfera într-o farfurie de servire sau le puteți păstra într-un recipient ermetic la frigider.

14. Citrus Cheesecake Pops

INGREDIENTE:
PENTRU GELUL PATE DE FRUCTE CU CITRICE:
- 1 cană suc de citrice (lămâie, lime, portocale sau un amestec)
- 1/4 cană zahăr granulat
- 2 linguri pectină
- Zestul citricelor
- Colorant alimentar galben și portocaliu (opțional)

PENTRU GANACHE CREMĂ DE BRÂNZĂ:
- 8 oz cremă de brânză, înmuiată
- 1/2 cana ciocolata alba, tocata
- 1/4 cană smântână groasă
- 2 linguri de unt nesarat
- 1 lingurita extract pur de vanilie

PENTRU FONDUL COOKIELOR CU TUBIERE:
- 1/2 cană unt nesărat, înmuiat
- 1/4 cană zahăr granulat
- 1 cană de făină universală
- 1/4 lingurita sare
- 1/2 linguriță extract pur de vanilie

PENTRU ALTERNATIVA FĂRĂ NUCI:
- Folosiți unt de semințe de floarea soarelui sau un alt tartinat fără nuci în locul fundului biscuitului.

INSTRUCȚIUNI:
PENTRU GELUL PATE DE FRUCTE CU CITRICE:
a) Într-o cratiță, combinați sucul de citrice și zahărul. Se încălzește la foc mediu-mic, amestecând până se dizolvă zahărul.

b) Într-un castron separat, amestecați pectina cu puțină apă pentru a crea o pastă. Adăugați acest suspensie la amestecul de citrice și amestecați continuu.

c) Aduceți amestecul la fierbere, apoi reduceți focul și fierbeți timp de 2-3 minute până se îngroașă.

d) Luați de pe foc, adăugați coaja de citrice și adăugați colorant alimentar dacă doriți.

e) Se toarnă gelul într-o formă de silicon sau într-o tavă tapetată și se lasă să se răcească și se dă la frigider pentru câteva ore sau până se întărește.

PENTRU GANACHE CREMĂ DE BRÂNZĂ:

f) Topiți ciocolata albă la cuptorul cu microunde sau la baie și lăsați-o deoparte să se răcească puțin.

g) Într-un castron, bateți crema de brânză înmuiată până devine omogenă și cremoasă.

h) Într-o cratiță mică, încălziți smântâna groasă și untul până când este fierbinte, dar nu fierbe. Se toarna peste ciocolata alba topita si se amesteca pana se omogenizeaza.

i) Adăugați amestecul de ciocolată albă și extractul de vanilie la crema de brânză și amestecați până se omogenizează bine. Se da deoparte la racit.

PENTRU FONDUL COOKIELOR CU TUBIERE:

j) Într-un castron, cremă împreună untul înmuiat și zahărul până devine ușor și pufos.

k) Adăugați extractul de vanilie, făina și sarea. Se amestecă până se formează un aluat.

l) Transferați aluatul într-o pungă cu vârf rotund mare.

m) Introduceți o cantitate mică de aluat în fundul formelor pentru Pops.

ASAMBLARE:

n) Puneți o cantitate mică de Ganache cu cremă de brânză deasupra fundului prăjiturii în forme.

o) Puneți o bucată de Citrus Pipeable Pate de Fruit Gel deasupra ganache-ului.

p) Peste gel se adaugă un alt strat de Ganache cu cremă de brânză, umplând formele până sus.

q) Lăsați Pops-ul să se stabilească la frigider pentru câteva ore sau până când se întăresc.

r) Păstrați Citrus Cheesecake Pops într-un recipient ermetic în frigider pentru o perioadă de valabilitate extinsă. Depozitarea adecvată va ajuta la menținerea prospețimii și a gustului acestora.

15.Cheesecake Pops cu cireșe

INGREDIENTE:
PENTRU Umplutura de cheesecake cu cireșe:
- 8 oz cremă de brânză, înmuiată
- 1/4 cană zahăr pudră
- 1/2 lingurita extract de vanilie
- 1/2 cană umplutură de plăcintă cu cireșe

PENTRU ACOPERIA EXTERIORĂ DE CIOOCOLATĂ:
- 8 oz ciocolată albă sau neagră de bună calitate, tocată
- 1 lingură ulei vegetal sau ulei de cocos (opțional, pentru o acoperire mai fină)

INSTRUCȚIUNI:
PREGĂTIȚI Umplutura de cheesecake cu cireșe:
a) Într-un castron, bateți crema de brânză moale până devine netedă și cremoasă.
b) Adăugați zahărul pudră și extractul de vanilie și amestecați până se omogenizează bine.
c) Încorporați ușor umplutura de plăcintă cu cireșe, având grijă să nu amestecați prea mult pentru a menține textura.
FORMAȚI Umplutura:
d) Tapetați o tavă sau o tavă de copt cu hârtie de copt.
e) Folosind o lingură mică sau un bile de pepene galben, scoateți porții mici din umplutura de cheesecake cu cireșe și modelați-le în bile mici. Așezați-le pe hârtie de pergament.
f) 3. Congelați umplutura:
g) Dați tava la congelator pentru aproximativ 20-30 de minute pentru a întări umplutura de cheesecake.
PREGĂTIȚI învelișul de ciocolată:
h) Într-un bol care poate fi utilizat în cuptorul cu microunde sau folosind un boiler, topește ciocolata tocată. Dacă folosiți, adăugați ulei vegetal pentru a crea un strat de ciocolată mai fin și mai subțire.
i) Scoateți umplutura de cheesecake din congelator.
j) Cu o furculiță sau o scobitoare, înmuiați fiecare minge de cheesecake cu cireșe în ciocolata topită, asigurându-vă că este complet acoperită.

k) Lăsați excesul de ciocolată să se scurgă, apoi puneți Popsurile acoperite înapoi pe tava tapetată cu hârtie de pergament.

Răciți și puneți:

l) Puneți tava cu Pops-urile acoperite la frigider și lăsați-le să se răcească aproximativ 30 de minute, sau până când stratul de ciocolată se întărește.

m) Odată ce Pops-urile sunt complet întărite, le puteți transfera într-o farfurie de servire sau le puteți păstra într-un recipient ermetic la frigider.

16. Cheesecake Pops cu căpșuni

INGREDIENTE:
PENTRU Umplutura de cheesecake cu căpșuni:
- 8 oz cremă de brânză, înmuiată
- 1/4 cană zahăr pudră
- 1/2 lingurita extract de vanilie
- 1/2 cana capsuni proaspete, tocate marunt

PENTRU ACOPERIA EXTERIORĂ DE CIOOCOLATĂ:
- 8 oz ciocolată albă sau neagră de bună calitate, tocată
- 1 lingură ulei vegetal sau ulei de cocos (opțional, pentru o acoperire mai fină)

INSTRUCȚIUNI:
PREGĂTIȚI Umplutura de cheesecake cu căpșuni:
a) Într-un castron, bateți crema de brânză moale până devine netedă și cremoasă.
b) Adăugați zahărul pudră și extractul de vanilie și amestecați până se omogenizează bine.
c) Incorporati usor capsunile proaspete tocate marunt, avand grija sa nu amestecati prea mult pentru a mentine textura.

FORMAȚI Umplutura:
d) Tapetați o tavă sau o tavă de copt cu hârtie de copt.
e) Folosind o lingură mică sau un bile de pepene galben, scoateți porții mici din umplutura de cheesecake cu căpșuni și modelați-le în bile mici. Așezați-le pe hârtie de pergament.
f) Dați tava la congelator pentru aproximativ 20-30 de minute pentru a întări umplutura de cheesecake.

PREGĂTIȚI învelișul de ciocolată:
g) Într-un bol care poate fi utilizat în cuptorul cu microunde sau folosind un boiler, topește ciocolata tocată. Dacă folosiți, adăugați ulei vegetal pentru a crea un strat de ciocolată mai fin și mai subțire.
h) Scoateți umplutura de cheesecake din congelator.
i) Cu o furculiță sau o scobitoare, înmuiați fiecare minge de cheesecake cu căpșuni în ciocolata topită, asigurându-vă că este complet acoperită.
j) Lăsați excesul de ciocolată să se scurgă, apoi puneți Popsurile acoperite înapoi pe tava tapetată cu hârtie de pergament.

Răciți și puneți:

k) Puneți tava cu Pops-urile acoperite la frigider și lăsați-le să se răcească aproximativ 30 de minute, sau până când stratul de ciocolată se întărește.

l) Odată ce Pops-urile sunt complet întărite, le puteți transfera într-o farfurie de servire sau le puteți păstra într-un recipient ermetic la frigider.

17.Pops cu Lămâie şi Afine

INGREDIENTE:
- 1 cana crema de branza, moale
- 1/4 cană zahăr pudră
- Zest de 1 lămâie
- 1/2 cană afine, proaspete sau congelate
- 1 cană chipsuri de ciocolată albă
- 1 lingura ulei de cocos

INSTRUCȚIUNI:
a) Într-un castron, amestecați crema de brânză, zahărul pudră și coaja de lămâie până se omogenizează.
b) Încorporați ușor afinele.
c) Formați amestecul în bile mici și puneți-le pe o tavă de copt tapetată.
d) Topiți chipsurile de ciocolată albă cu ulei de cocos într-un cuptor cu microunde sau folosind un boiler.
e) Înmuiați fiecare minge de cheesecake în ciocolata albă topită, acoperind uniform.
f) Puneți bilele acoperite înapoi pe tava de copt și dați la frigider până când ciocolata se întărește.

CAKE POPS DISTRACȚIUNI ȘI COLORATE

18. Cake Pops din vată de zahăr

INGREDIENTE:
- 1 cutie de amestec pentru tort (aroma la alegere)
- Ingrediente necesare pentru amestecul de tort (ouă, ulei, apă)
- Glazura (aroma la alegere)
- Vată de zahăr
- Bețișoare de acadele
- Bomboane topite sau chipsuri de ciocolată (opțional)

INSTRUCȚIUNI:
a) Pregătiți amestecul de tort conform instrucțiunilor de pe cutie.
b) Odată copt și răcit, sfărâmă tortul într-un castron mare.
c) Adăugați glazura la prăjitura mărunțită și amestecați până se omogenizează bine și amestecul se ține împreună.
d) Rulați amestecul în bile mici și introduceți un bețișor de acadele în fiecare bila.
e) Topiți bomboane topite sau fulgi de ciocolată (dacă le folosiți) și înmuiați fiecare prajitură în stratul topit, lăsând orice exces să se scurgă.
f) În timp ce stratul este încă umed, presărați vată de zahăr mărunțită peste cake pops.
g) Puneți prăjitura în poziție verticală într-un suport sau pe o foaie de copt tapetată cu hârtie de copt pentru a permite stratului să se întărească.
h) Odată setate, prăjiturile din vată de zahăr sunt gata de savurat!

19.Funfetti Confetti Cake Pops

INGREDIENTE:
PENTRU CAKE POPS:
- 1 cutie de amestec pentru tort funfetti
- ½ cană de unt nesărat, înmuiat
- ½ cană de lapte integral
- 3 ouă mari
- ½ cană de confetti colorate

PENTRU ACOPERIMENTUL DE DULCE:
- 12 uncii de bomboane albe topite sau chipsuri de ciocolată albă
- 2 linguri de ulei vegetal sau shortening
- Presături suplimentare de confetti colorate (pentru garnitură)

PENTRU MONTAREA CAKE POPS:
- Bețișoare de cake pop sau bețișoare de acadele

INSTRUCȚIUNI:
PENTRU CAKE POPS:
a) Preîncălziți cuptorul la temperatura specificată pe cutia de amestec pentru tort.
b) Ungeți și făinați o tavă de copt sau tapetați-o cu hârtie de copt.
c) Într-un castron, pregătiți amestecul de tort funfetti conform instrucțiunilor de pe ambalaj, folosind unt nesărat, lapte integral și ouă.
d) Îndoiți ușor confettiurile colorate în aluatul de tort până se distribuie uniform.
e) Coacem prajitura in cuptorul preincalzit pana cand o scobitoare introdusa in centru iese curata.
f) Lăsați tortul să se răcească complet.
g) Pentru a asambla cake pops:
h) Se sfărâmă tortul răcit în firimituri fine folosind mâinile sau un robot de bucătărie.
i) Rulați amestecul în bile mici de prăjitură, de dimensiunea unei mingi de ping pong, și așezați-le pe o foaie de copt tapetată cu pergament.
j) Răciți bilele de tort la frigider pentru aproximativ 30 de minute sau până când sunt ferme.

PENTRU ACOPERIMENTUL DE DULCE:

k) Într-un castron sigur pentru cuptorul cu microunde, topiți bomboane albe topite sau fulgi de ciocolată albă cu ulei vegetal sau scurtare la intervale scurte, amestecând între ele până la omogenizare.

A TERMINA:
l) Înmuiați vârful unui baton de prăjitură în învelișul de bomboane topite și introduceți-l în centrul unei bile de prăjitură răcită, cam la jumătatea drumului.

m) Înmuiați întreaga bila de tort în stratul de bomboane topite, asigurându-vă că este complet acoperită.

n) Presărați imediat cake pop-ul acoperit cu presături de confetti colorate înainte de a se întinde acoperirea.

o) Așezați prajitura în poziție verticală într-un bloc de polistiren sau într-un suport de prăjitură pentru a permite stratului de bomboane să se întărească complet.

20.Cake Pops cu vanilie și stropi

INGREDIENTE:
PENTRU CAKE POPS:
- 1 cutie de amestec de tort cu vanilie
- ½ cană de unt nesărat, înmuiat
- ½ cană de lapte integral
- 3 ouă mari

PENTRU GLAZARE:
- ½ cană de unt nesărat, înmuiat
- 2 căni de zahăr pudră
- 1 lingurita de extract de vanilie
- 2 linguri de lapte integral

PENTRU ACOPERIMENTUL DE DULCE:
- 12 uncii de bomboane albe topite sau chipsuri de ciocolată albă
- Stropi colorate (opțional)

PENTRU MONTAREA CAKE POPS:
- Bețișoare de cake pop sau bețișoare de acadele

INSTRUCȚIUNI:
PENTRU CAKE POPS:
a) Preîncălziți cuptorul la temperatura specificată pe cutia de amestec pentru tort.
b) Ungeți și făinați o tavă de copt sau tapetați-o cu hârtie de copt.
c) Într-un castron, pregătiți amestecul de tort cu vanilie conform instrucțiunilor de pe ambalaj, folosind unt nesărat, lapte integral și ouă.
d) Coacem prajitura in cuptorul preincalzit pana cand o scobitoare introdusa in centru iese curata.
e) Lăsați tortul să se răcească complet.

PENTRU GLAURA:
f) Într-un castron separat, bateți untul înmuiat până devine omogen și cremos.
g) Adăugați treptat zahărul pudră, extractul de vanilie și laptele integral și continuați să bateți până când glazura este netedă și tartinabilă.

PENTRU A MONTA CAKE POPS:

h) Se sfărâmă tortul răcit în firimituri fine folosind mâinile sau un robot de bucătărie.
i) Adăugați glazura pe firimiturile de tort și amestecați până se omogenizează bine.
j) Rulați amestecul în bile mici de prăjitură, de dimensiunea unei mingi de ping pong, și așezați-le pe o foaie de copt tapetată cu pergament.
k) Răciți bilele de tort la frigider pentru aproximativ 30 de minute sau până când sunt ferme.

PENTRU ACOPERIMENTUL DE DULCE:
l) Topiți bomboane albe topite sau fulgi de ciocolată albă conform instrucțiunilor de pe ambalaj, folosind un cuptor cu microunde sau un boiler.
m) Înmuiați vârful unui baton de prăjitură în învelișul de bomboane topite și introduceți-l în centrul unei bile de prăjitură răcită, cam la jumătatea drumului.
n) Înmuiați întregul cake pop în stratul de bomboane topite, asigurându-vă că este complet acoperit.
o) Adăugați stropi colorate (dacă doriți) în timp ce stratul este încă umed.

A TERMINA:
p) Așezați prajitura în poziție verticală într-un bloc de polistiren sau într-un suport de prăjitură pentru a permite stratului de bomboane să se întărească complet.

21.Truffula Tree Cake Pops

INGREDIENTE:
PENTRU CAKE POPS:
- 1 cutie cu amestecul de prăjitură preferat (plus ingredientele enumerate pe cutie)
- ½ cană de glazură cu cremă de unt (cumpărată din magazin sau de casă)
- Bețișoare de acadele

PENTRU ACOPERIRE:
- 1 pachet înveliș de bomboane cu aromă de vanilie
- Colorant alimentar vibrant asortat (pentru culorile arborelui Truffula)
- Zaharuri sau stropi colorate comestibile (pentru vârfurile copacilor)

INSTRUCȚIUNI:
PENTRU CAKE POPS:
a) Preîncălziți cuptorul conform instrucțiunilor din amestecul pentru tort. Unge și făină o tavă de tort.
b) Pregătiți amestecul de prăjitură conform instrucțiunilor de pe ambalaj.
c) Coaceți tortul conform instrucțiunilor și lăsați-l să se răcească complet.
d) Odată ce prăjitura s-a răcit, sfărâmă-l în firimituri fine într-un castron mare.
e) Adăugați glazura de cremă de unt pe firimiturile de tort și amestecați până se omogenizează bine. Amestecul trebuie să aibă o consistență asemănătoare aluatului.
f) Formați amestecul în bile mici de mărimea unui tort și puneți-le pe o tavă tapetată cu pergament.
g) Introduceți bețișoare de acadele în fiecare bilă de tort pentru a crea cake pops.

PENTRU ACOPERIRE:
h) Rupeți stratul de vanilie în bucăți și puneți-l într-un bol termorezistent.

i) Topiți stratul de vanilie conform instrucțiunilor de pe ambalaj. De obicei, aceasta implică punerea la microunde la intervale de 30 de secunde până când se topește complet.

j) Împărțiți învelișul de vanilie topit în boluri mai mici și adăugați coloranți alimentari vibranti în fiecare bol pentru a reprezenta diferitele culori ale copacilor Truffula.

k) Înmuiați fiecare prăjitură în stratul colorat, asigurând o acoperire uniformă.

l) Înainte de a se întări acoperirea, presărați zaharuri colorate comestibile sau stropiți pe partea de sus a fiecărei prăjituri pentru a semăna cu vârful tufted al unui copac Truffula.

m) Lăsați stratul să se întărească complet înainte de servire.

22.Tort de aniversare Popcorn

INGREDIENTE:
- 8 cani popcorn popcorn
- 1 cană chipsuri de ciocolată albă
- ½ cană amestec de prăjitură (aroma la alegere)
- ¼ cană stropi colorate

INSTRUCȚIUNI:
a) Puneți floricelele de porumb într-un castron mare și lăsați deoparte.
b) Într-un castron sigur pentru cuptorul cu microunde, topește chipsurile de ciocolată albă în cuptorul cu microunde la intervale de 30 de secunde, amestecând între ele, până se topesc complet și se omogenizează.
c) Se amestecă amestecul de tort în ciocolata albă topită până se omogenizează bine.
d) Turnați amestecul de ciocolată albă peste floricele de porumb și amestecați ușor până când floricelele sunt acoperite uniform.
e) Presărați stropile colorate peste floricelele de porumb și aruncați din nou pentru a distribui stropii.
f) Intinde floricelele pe o tava tapetata cu pergament si lasa-le sa se raceasca pana se intareste ciocolata alba.
g) Odată întăriți, spargeți floricelele de porumb în bucăți mai mici și transferați-le într-un recipient ermetic pentru depozitare sau servire.

23.Cake Pops cu Skittles liofilizat

INGREDIENTE:
- 1 ½ cani de prajitura cu Unicorn preparat, maruntita
- 2 ½ linguri Glazura de vanilie
- 6 uncii Candy Melts, topit și cald
- Colorant alimentar portocaliu
- ¼ cană SKITTLES tocate liofilizat

INSTRUCȚIUNI:
a) Într-un castron, combinați prăjitura cu Unicorn mărunțită și glazura de vanilie. Se amestecă până se combină bine.
b) Rulați amestecul în 12 bile de dimensiuni egale.
c) Se încălzește bomboanele topite și se adaugă colorant alimentar portocaliu, amestecând până când obțineți culoarea dorită.
d) Înmuiați un capăt al unui bețișor de acadele aproximativ ½ inch în topitura de bomboane colorate și introduceți-l imediat într-o bilă de tort cam la jumătate. Repetați pentru fiecare prăjitură.
e) Pune cake pops pe o tava tapetata si pune-le la congelator timp de 15 minute pentru a le permite sa se intareasca.
f) Acoperiți fiecare prăjitură cu bomboane topite colorate, asigurând o acoperire uniformă și netedă.
g) Presărați imediat SKITTLES liofilizat mărunțiți pe prajiturile acoperite cu bomboane, în timp ce stratul este încă umed.
h) Așezați prajiturile terminate înapoi pe tava tapetată și lăsați-le să se întărească.
i) Odată ce stratul de bomboane s-a întărit, prăjiturile tale Celebration Cake Pops cu SKITTLES liofilizate sunt gata pentru a fi savurate!

24.Cake Pops distractive și festive

INGREDIENTE:
- 1 pachet amestec de tort (dimensiune normală), orice aromă
- 1 cană glazură preparată, orice aromă
- 48 de bețișoare de acadele
- 2-½ kilograme ciocolată neagră, ciocolată cu lapte, înveliș de bomboane albe sau roz, tocat grosier
- Garnituri opționale: nonpareils, bomboane de mentă zdrobite, caju tocate mărunt, nucă de cocos neîndulcită, stropi asortate, ghimbir cristalizat tocat mărunt, prăjituri cu ghimbir zdrobite, caramele topite și sare de mare grosieră

INSTRUCȚIUNI:
a) Pregătiți și coaceți amestecul de prăjitură conform instrucțiunilor de pe ambalaj, folosind o tavă de copt de 13x9 inci unsă. Lăsați tortul să se răcească complet pe un grătar.
b) Se sfărâmă tortul răcit într-un castron mare. Adăugați glazura și amestecați bine. Formați amestecul în bile de 1-½ inch și puneți-le pe foi de copt. Introduceți un băț de acadea în fiecare minge. Congelați cel puțin 2 ore sau dați la frigider pentru cel puțin 3 ore până când biluțele de prăjitură sunt tari.
c) Într-un cuptor cu microunde, topește stratul de bomboane. Înmuiați fiecare bilă de tort în acoperire, lăsând excesul să se scurgă. Rulați, stropiți sau stropiți cake pops cu toppingurile alese.
d) Introduceți prajiturile într-un bloc de spumă pentru a sta în poziție verticală. Lăsați-le să stea până se întărește acoperirea.

25.Cake Pops cu vârtej curcubeu

INGREDIENTE:
- 1 cutie de amestec de tort cu vanilie
- Colorant alimentar (rosu, portocaliu, galben, verde, albastru, violet)
- 1 cutie de glazura
- Bețișoare de acadele
- Ciocolata alba se topeste
- Stropi

INSTRUCȚIUNI:
a) Pregătiți amestecul de tort cu vanilie conform instrucțiunilor de pe ambalaj.
b) Împărțiți aluatul uniform în șase boluri.
c) Adăugați un colorant alimentar diferit în fiecare bol pentru a crea culorile curcubeului.
d) Puneți cantități mici din fiecare aluat colorat într-o tavă tapetată pentru tort, creând straturi.
e) Coaceți tortul conform instrucțiunilor de pe ambalaj și lăsați-l să se răcească complet.
f) Se sfărâmă tortul răcit în firimituri fine într-un castron mare.
g) Adăugați glazură pe firimiturile de tort și amestecați până când se combină bine și amestecul își poate menține forma.
h) Rulați amestecul de prăjitură în bile mici și așezați-le pe o tavă de copt tapetată.
i) Introduceți un bețișor de acadele în fiecare bilă de prăjitură și congelați timp de 15 minute.
j) Topiți ciocolata albă topită conform instrucțiunilor de pe ambalaj.
k) Înmuiați fiecare prajitură în ciocolata topită, lăsând excesul să se scurgă.
l) Se decorează cu stropi și se lasă ciocolata să se întărească înainte de servire.

26.Cake Pops cu Unicorn

INGREDIENTE:
- 1 cutie de amestec pentru tort (orice aromă)
- 1 cutie de glazura
- Fondant de culoare pastel
- Praf sau stropi de aur comestibil
- Bețișoare de acadele
- Bomboanele se topesc (albe)
- Markere comestibile sau colorant alimentar în gel

INSTRUCȚIUNI:
a) Pregătiți amestecul de prăjitură conform instrucțiunilor de pe ambalaj și lăsați-l să se răcească complet.
b) Se sfărâmă tortul răcit în firimituri fine într-un castron mare.
c) Adăugați glazură pe firimiturile de tort și amestecați până când se combină bine și amestecul își poate menține forma.
d) Rulați amestecul de prăjitură în bile mici și așezați-le pe o tavă de copt tapetată.
e) Introduceți un bețișor de acadele în fiecare bilă de prăjitură și congelați timp de 15 minute.
f) Întinde fondantul și decupează forme pentru urechi de unicorn, coarne și alte decorațiuni.
g) Topiți bomboanele topite conform instrucțiunilor de pe ambalaj.
h) Înmuiați fiecare prajitură în bomboane topite și lăsați excesul să se scurgă.
i) Atașați decorațiunile de fondant la cake pops în timp ce stratul de bomboane este încă umed.
j) Stropiți cu praf de aur comestibil sau stropiți pentru un plus de magie.
k) Lăsați învelișul de bomboane să se stabilească înainte de servire.

27.Galaxy Cake Pops

INGREDIENTE:
- 1 cutie de amestec de tort de ciocolata
- Sclipici comestibile sau stropi de stele
- Bomboanele alb-negru se topesc
- Bețișoare de acadele
- Vopsea argintie comestibilă sau colorant alimentar
- Stele comestibile de argint sau auriu

INSTRUCȚIUNI:
a) Pregătiți amestecul de tort de ciocolată conform instrucțiunilor de pe ambalaj și lăsați-l să se răcească complet.
b) Se sfărâmă tortul răcit în firimituri fine într-un castron mare.
c) Adăugați glazură pe firimiturile de tort și amestecați până când se combină bine și amestecul își poate menține forma.
d) Rulați amestecul de prăjitură în bile mici și așezați-le pe o tavă de copt tapetată.
e) Introduceți un bețișor de acadele în fiecare bilă de prăjitură și congelați timp de 15 minute.
f) Topiți bomboane negre conform instrucțiunilor de pe ambalaj.
g) Înmuiați fiecare prăjitură în bomboane negre topite, lăsând excesul să se scurgă.
h) Stropiți imediat cu sclipici comestibile sau stropi de stele pentru a crea un efect de galaxie.
i) Topiți bomboanele albe topite și turnați peste cake pops pentru a crea stele.
j) Folosește vopsea argintie comestibilă sau colorant alimentar pentru a adăuga detalii suplimentare galaxiei.
k) Stropiți cu stele argintii sau aurii comestibile pentru un plus de strălucire.
l) Lăsați învelișul de bomboane să se stabilească înainte de servire.

CAKE POPS cu ciocolata

28.Biluțe de tort cu ciocolată

INGREDIENTE:
PENTRU BILELE DE CAKET:
- 1 cutie de amestec de tort cu ciocolată
- ½ cană de unt nesărat, înmuiat
- ½ cană de lapte integral
- 3 ouă mari

PENTRU ACOPEREA DE CIOOCOLATĂ:
- 12 uncii de chipsuri de ciocolată semidulce sau ciocolată neagră topită
- 2 linguri de ulei vegetal sau shortening
- Stropi de ciocolată sau nuci zdrobite (opțional, pentru garnitură)

PENTRU MONTAREA BILUTELOR DE TORȚ:
- Bețișoare de cake pop sau bețișoare de acadele

INSTRUCȚIUNI:
PENTRU BILELE DE CAKET:
a) Preîncălziți cuptorul la temperatura specificată pe cutia de amestec pentru tort.
b) Ungeți și făinați o tavă de copt sau tapetați-o cu hârtie de copt.
c) Într-un castron, pregătiți amestecul de tort cu ciocolată conform instrucțiunilor de pe ambalaj, folosind unt nesărat, lapte integral și ouă.
d) Coacem prajitura in cuptorul preincalzit pana cand o scobitoare introdusa in centru iese curata.
e) Lăsați tortul să se răcească complet.

PENTRU A ASSAMLA BILELE DE PRACTIC:
f) Se sfărâmă tortul răcit în firimituri fine folosind mâinile sau un robot de bucătărie.
g) Rulați firimiturile de tort în bile mici de tort, cam de dimensiunea unei mingi de ping-pong și așezați-le pe o tavă de copt tapetată cu pergament.
h) Răciți bilele de tort la frigider pentru aproximativ 30 de minute sau până când sunt ferme.

PENTRU ACOPEREA DE CIOOCOLATĂ:
i) Într-un castron sigur pentru cuptorul cu microunde, topește fulgile de ciocolată demidulce sau ciocolata neagră topită cu ulei vegetal sau

scurtarea la intervale scurte, amestecând între ele până la omogenizare.

j) A termina:

k) Înmuiați vârful unui baton de prăjitură în ciocolata topită și introduceți-l în centrul unei bile de prăjitură răcită, cam la jumătatea drumului.

l) Înmuiați întreaga bila de tort în ciocolata topită, asigurându-vă că este complet acoperită.

m) Se ornează cu stropi de ciocolată sau nuci zdrobite (dacă se dorește) cât învelișul este încă umed.

n) Așezați bilele de tort într-un bloc de polistiren sau într-un suport de prăjitură pentru a permite stratului de ciocolată să se întărească complet.

29.Cake Pops cu ciocolată și bomboane topite

INGREDIENTE:
- 1 prajitura de ciocolata (de casa sau cumparata din magazin)
- 1 cană glazură de ciocolată
- 2 cesti de bomboane de ciocolata topite (pentru scufundare)
- Stropi si decoratiuni asortate

INSTRUCȚIUNI:
a) Coaceți tortul de ciocolată conform instrucțiunilor de pe ambalaj sau rețetei preferate. Lăsați-l să se răcească complet.
b) Într-un castron mare, sfărâmă tortul de ciocolată răcit în firimituri fine folosind mâinile sau o furculiță.
c) Adăugați glazura de ciocolată la firimiturile de tort și amestecați până se omogenizează bine. Amestecul trebuie să fie suficient de umed pentru a-și menține forma atunci când este rulat în bile.

CREAȚI FORME DIVERTIVE:
d) Fii creativ modelând amestecul de tort în forme distractive și imaginative. Folosiți forme pentru prăjituri sau modelați porții mici în animale, stele sau alte forme jucăușe.

INTRODUCEȚI BÎȚIUNI CAKE POP:
e) Introduceți bețișoare de cake pop în formele lucrate. Asigurați-vă că sunt poziționate în siguranță, permițând o manipulare ușoară.
f) Puneți cake pop-urile în formă la frigider pentru cel puțin 30 de minute pentru a se întări.

TOPITĂ ACOPERIMENTUL DE BOOMUNE DE CIOCOLATĂ:
g) Topiți bomboane de ciocolată topite urmând instrucțiunile de pe ambalaj.
h) Asigurați-vă că utilizați un bol pentru cuptorul cu microunde sau un boiler dublu.

MUMBARE SI DECORARE:
i) Înmuiați fiecare prăjitură răcită în ciocolata topită, acoperind-o complet. Lăsați excesul de ciocolată să se scurgă înainte de a pune prăjitura pe hârtie de copt.

TEHNICI CREATIVA DE IMUMERARE SI DECORARE:
j) Explorați diverse tehnici de scufundare și decorare. Puteți să stropiți suplimentar ciocolată topită, să presărați toppinguri colorate sau chiar să folosiți markere comestibile pentru modele personalizate.
k) Lăsați cake pop-urile decorate să se întărească până când stratul de ciocolată este ferm.
l) Odată gata, răsfățați-vă cu aceste delicii delicioase și atrăgătoare vizual!

30.Prăjituri germane de ciocolată

INGREDIENTE:
TORT:
- 1 prăjitură de ciocolată germană de casă

Glazura de cocos si nuci pecane:
- 1 cutie (14 uncii) de lapte condensat îndulcit
- ½ cană de unt nesărat, topit
- 3 galbenusuri de ou
- 1 ½ cană de nucă de cocos mărunțită
- 1 cană de nuci pecan tocate
- 2 lingurite de extract de vanilie

TRUFE:
- 4 căni de fulgi de ciocolată semidulce topite
- 1 cană de nucă de cocos mărunțită
- 1 cană de nuci pecan tocate

INSTRUCȚIUNI:
TORT:
a) Preîncălziți cuptorul la 350 de grade Fahrenheit.
b) Pregătiți și coaceți prăjitura conform instrucțiunilor de pe ambalaj.
c) Lăsați tortul să se răcească, apoi sfărâmă-l în bucăți mici. Pus deoparte.

Glazura de cocos si nuci pecane:
d) Într-o cratiță, combinați untul topit, laptele condensat îndulcit și gălbenușurile de ou.
e) Amestecați continuu amestecul la foc mediu până se îngroașă, aproximativ 10 minute.
f) Scoateți cratita de pe foc și adăugați extractul de vanilie, nuca de cocos mărunțită și nucile pecan tocate.
g) Lăsați glazura să se răcească de pe foc cel puțin 30 de minute, amestecând din când în când.

TRUFE DE COC:
h) Într-un castron mare, combinați prăjitura mărunțită și glazura de nucă de cocos și nuci pecan. Amesteca bine.
i) Formați amestecul în bile de 1 inch și așezați-le pe o foaie de copt mică sau pe o altă suprafață sigură pentru congelator tapetată cu hârtie de copt.

j) Congelați biluțele de prăjitură timp de aproximativ 30 de minute până la o oră până devin tari.

k) Odată ce bilele de prăjitură sunt tari, topiți fulgii de ciocolată în cuptorul cu microunde într-un bol de sticlă, încălzind la intervale de un minut și amestecând până se omogenizează.

l) Puneți nuca de cocos mărunțită și nucile pecan tocate în boluri separate pentru stropire.

m) Folosind un bețișor de fondue sau un instrument similar, scufundați fiecare bilă de tort în ciocolata topită, apoi puneți-o înapoi pe hârtie de pergament.

n) Presărați o cantitate mică de nucă de cocos mărunțită și nuci pecan tocate peste fiecare bilă de tort acoperită cu ciocolată înainte ca ciocolata să se înmulțească.

o) Odată ce toate biluțele de prăjitură sunt acoperite cu ciocolată și decorate, se stropește puțin caramel topit peste fiecare trufă.

p) Lăsați ciocolata să se întărească înainte de servire. Dacă doriți, puteți accelera procesul dând trufele la frigider timp de 30 de minute.

31.Cake Pops cu dovleac acoperit cu ciocolată

INGREDIENTE:
- 1 cutie de Betty Crocker Super Moist Devil's Food Cake Mix (sau orice altă aromă de ciocolată)
- 1 ½ cani de amestec de placinta de dovleac din conserva (nu piure de dovleac)
- 2 linguri de glazură bogată și cremoasă de ciocolată Betty Crocker (dintr-o cuvă de 16 uncii)
- 2 cesti de bomboane de ciocolata neagra se topesc
- 2 linguri de stropi

INSTRUCȚIUNI:
a) Preîncălziți cuptorul la 350°F (175°C). Adună-ți toate ingredientele.
b) Într-un castron mare, combinați amestecul de tort cu ciocolată și amestecul de plăcintă de dovleac din conserva. Amestecați până când amestecul este omogen, apoi întindeți-l uniform într-o tavă de copt de 9 x 13 inci.
c) Coaceți tortul timp de 30-35 de minute sau până când centrul se ridică ușor înapoi când este atins.
d) Scoateți tortul din cuptor și lăsați-l să se răcească complet. După ce s-a răcit, tăiați marginile prăjiturii și aruncați-le. Se sfărâmă prăjitura rămasă într-un castron mare.
e) Amesteca prajitura maruntita cu glazura de ciocolata pana se formeaza un aluat care seamana cu textura Play-Doh.
f) Rulați aluatul de prăjitură în 12 bile. Dacă doriți, introduceți un pai de hârtie în centrul fiecărei bile pentru a crea cake pops.
g) (Opțional: Topiți bomboane de ciocolată neagră conform instrucțiunilor de pe ambalaj.)
h) Înmuiați fiecare prăjitură în ciocolata neagră topită până când este complet acoperită. Lăsați orice exces de ciocolată să se scurgă.
i) Puneți prăjiturile acoperite cu ciocolată pe o foaie de copt tapetată cu pergament.
j) Stropiți blaturile cake pop-urilor cu stropi colorate înainte ca ciocolata să se înmulțească.
k) Lăsați ciocolata să se întărească complet înainte de servire. Bucurați-vă de delicioasele tale cake pop-uri de dovleac acoperite cu ciocolată!

32.Cake Pops cu ciocolată și portocale

INGREDIENTE:
- 120 g unt nesarat, inmuiat
- 150 g zahăr tos
- Zeste de 1 portocală
- 1 lingurita suc de portocale
- 2 ouă mari, bătute
- 180 g făină auto-crescătoare
- 3 linguri de lapte, la temperatura camerei
- 200 g ciocolată neagră
- Stropi (la alegere)

INSTRUCȚIUNI:
a) Preîncălziți cuptorul la 180°C (350°F) și amestecați împreună untul înmuiat și zahărul tos până când devine ușor și pufos.
b) Adăugați coaja și sucul de portocale, apoi amestecați treptat ouăle bătute până când amestecul devine ușor și pufos.
c) Încorporați făina auto-crescătoare și jumătate din lapte până se omogenizează complet. Repetați acest pas cu făina și laptele rămase.
d) Ungeți jumătatea inferioară a unei forme de silicon (jumătatea fără gaură) cu unt, apoi turnați amestecul în fiecare cană până la nivel.
e) Așezați jumătatea superioară a formei peste jumătatea inferioară și prindeți-le împreună pentru a asigura formarea de sfere perfecte când sunt coapte.
f) Coaceți timp de 35 de minute pe raftul din mijloc al cuptorului până când se rumenesc.
g) Pentru decor, topim ciocolata neagra la bain-marie. Înmuiați capătul bețișoarelor de acadea în ciocolata topită și introduceți-le în biluțele de tort. Lăsați-le să se răcească câteva minute până se întăresc.
h) Odată ce este ferm, înmuiați fiecare prăjitură în ciocolata topită, asigurându-vă că sunt complet acoperite. Atingeți ușor bățul pentru a îndepărta orice exces de acoperire.
i) Așezați jumătatea superioară a formei pentru prăjitură pe o suprafață plană. Împingeți ferm bețișoarele de prăjitură în găurile de deasupra formei și lăsați ciocolata să se răcească câteva minute.

j) Decorați cu stropi, nuci, glazură sau ciocolată suplimentară. Notă: Dacă utilizați ingrediente libere, cum ar fi stropi, nu lăsați ciocolata să se întărească complet, deoarece nu se va lipi.

k) Unele metode de decorare pot necesita întărirea ciocolatei, cum ar fi atunci când utilizați glazură sau ciocolată suplimentară.

l) Pentru a face trufe de ciocolată, pur și simplu acoperiți-le cu ciocolată și lăsați-le să se răcească pe hârtie rezistentă.

33.Trufa de ciocolata alba cu horchata

INGREDIENTE:
- 1 cană de amestec franțuzesc de prăjitură cu vanilie cernută
- ¼ lingurita de scortisoara macinata
- 4 uncii de cremă de brânză
- Pungă de 11 uncii de chipsuri de ciocolată albă, împărțită
- 1 lingura de unt
- ⅓ cană de Chila 'Orchata
- 1 lingura de ulei de cocos
- Stropi pentru decor

INSTRUCȚIUNI:
a) Folosiți un mixer electric pentru a crea împreună crema de brânză și untul.
b) Topiți jumătate din fulgii de ciocolată albă punându-le la microunde și amestecându-le la fiecare 30 de secunde până se omogenizează.
c) Adaugati ciocolata in mixer si combinati-o cu amestecul de crema de branza. Adăugați romul Chila.
d) Folosiți o sită pentru a cerne amestecul de tort într-un castron separat pentru a îndepărta toate cocoloașele.
e) Adăugați scorțișoara în amestecul de tort.
f) Adăugați încet ingredientele uscate în bolul mixerului și amestecați pentru a le combina.
g) Dați acest amestec la frigider pentru câteva ore pentru a ajuta umplutura să se întărească.
h) Folosiți o linguriță mică pentru a face o minge din umplutură. Folosind mâna, rulați-le în bile (poate fi lipicios, dar e în regulă) și apoi rulați în zahăr pudră. Congelați timp de 30 de minute.
i) Scoateți-le din congelator și remodelați bilutele, dacă doriți.
j) Puneți la microunde cealaltă jumătate din chipsurile de ciocolată albă cu 1 lingură de ulei de cocos, amestecând la fiecare 30 de secunde până când se omogenizează.
k) Folosiți o lingură pentru a înmuia bilele în stratul de ciocolată și acoperiți-le bine.
l) Transferați-le într-o tavă de copt tapetată cu hârtie de ceară și adăugați imediat stropi și decorațiuni.
m) Puneți-le înapoi în congelator pentru scurt timp pentru a se întări.
n) Servește bilutele în cupe de bomboane. Bucurați-vă!

34.Cake Pops cu triple ciocolată

INGREDIENTE:
- ¾ cană cacao neîndulcită Ghirardelli
- 2 căni de făină universală
- 1 lingurita praf de copt
- 1 lingurita de bicarbonat de sodiu
- ½ lingurita sare
- 1 cană unt sau margarină, înmuiată
- 1-¾ cană de zahăr
- 2 lingurite de vanilie
- 2 ouă mari
- 1-⅓ cani de lapte
- 6 linguri de unt, inmuiat
- 2⅔ căni de zahăr pudră
- ½ cană cacao neîndulcită Ghirardelli
- ⅓ cană lapte
- ½ linguriță extract de vanilie
- 5 căni Ghirardelli 60% cacao chipsuri de ciocolată dulce-amăruie
- 2 linguri de scurtare
- 58 de acadele rotunde din hârtie sau bețișoare din lemn
- ⅔ cană Ghirardelli Classic White Baking Chips

INSTRUCȚIUNI:
MARE PRACTIC DE FUDG:
a) Preîncălziți cuptorul la 350°F. Ungeți și făinați ușor două tavi rotunde pentru tort de 9 inci. Într-un castron mediu, combinați cacao, făina, praful de copt, bicarbonatul de sodiu și sarea; pus deoparte. Într-un castron mare, cremă untul și zahărul la viteză medie-mare până devine ușor și pufos, aproximativ 4 minute.
b) Reduceți viteza la mică și adăugați pe rând vanilia și ouăle, răzuind bolul după fiecare adăugare. Adăugați alternativ amestecul de făină și laptele (începând și terminând cu amestecul de făină), în timp ce amestecați la viteză mică. Continuați să amestecați până la omogenizare.
c) Se toarnă în tigăile pregătite. Coaceți timp de 30 până la 35 de minute sau până când un tester de prăjituri introdus în centrul prăjiturii iese curat.

GHIRARDELLI CREME DE UNT:
d) Într-un castron, bate untul până devine ușor și pufos. Într-un castron separat, amestecați zahărul pudră cu cacao.
e) Amestecați amestecul de zahăr cu untul alternativ cu laptele, bătând bine după fiecare adăugare. Bate până se omogenizează. Amestecați vanilia.

CAKE POPS TRIPLU DE CIOCOLATA:
f) Prăjiți Grand Fudge Cake într-un castron foarte mare. Adăugați glazura de cremă de unt Ghirardelli. Bateți cu un mixer electric la viteză mică până se combină. Folosind o lingură mică sau o lingură, aruncați amestecul în movile de 1 ½ inch pe foi de copt tapetate cu hârtie cerată. Rulați movilele în bile și congelați timp de 30 de minute.
g) Într-un castron mic pentru cuptorul cu microunde, combinați ¼ de cană de Chipsuri de copt Ghirardelli 60% Cacao Bitterweet Chocolate și ¼ de linguriță de shortening.
h) Gatiti la putere medie (50 la suta) timp de 1 minut. Scoateți și amestecați până se omogenizează. Înmuiați un capăt al fiecărui bețișor de acadele în ciocolata topită și înfigeți bețișoarele în bilele de tort (acest lucru ajută bilele să rămână pe bețișoare). Congelați timp de 30 până la 60 de minute sau până când bilele sunt ferme.

i) Într-un castron mic, sigur pentru cuptorul cu microunde, încălziți Chipsurile Ghirardelli Classic White Baking la putere medie (50 la sută) timp de 1 minut. Scoateți și amestecați. Dacă nu este topit, se întoarce la cuptorul cu microunde și se repetă etapa de încălzire, amestecând la fiecare 30 de secunde pentru a evita arsurile. Se amestecă până se omogenizează. Pus deoparte.

j) Între timp, într-un castron mare care poate fi folosit pentru cuptorul cu microunde, combinați chipsurile de copt Ghirardelli 60% cacao și ciocolată dulce-amăruie și scurtarea rămasă.

k) Puneți la microunde la putere medie (50 la sută) timp de 2 minute. Scoateți și amestecați. Dacă ciocolata nu este topită, întoarceți-vă la cuptorul cu microunde și repetați etapa de încălzire, amestecând la fiecare 30 de secunde pentru a evita arsurile.

l) Lucrând în loturi, înmuiați biluțele congelate în ciocolata amăruie topită. Lăsați excesul să se scurgă. Când ciocolata amăruie este abia întărită, stropiți pops-urile cu ciocolata albă topită. Așezați pe foile de copt pregătite. Lăsați să stea 30 de minute sau până când ciocolata se întărește.

m) După ce ciocolata este întărită, se transferă într-un recipient de depozitare și se păstrează, acoperită, la frigider până la 1 săptămână. Lăsați să stea la temperatura camerei cel puțin 30 de minute înainte de servire.

35.Cake Pops cu ciocolată albă

INGREDIENTE:
- 600 g Tort cu noroi de vanilie Green's
- ¼ cană dulciuri dolari 100 și 1000
- 2 ouă crescute în aer liber
- ¼ cană ulei vegetal
- 20 g unt nesarat, inmuiat
- 360 g blocuri de ciocolata alba, tocata

INSTRUCȚIUNI:

a) Coaceți prăjitura cu nămol conform instrucțiunilor de pe pachet, folosind ouă, ulei vegetal și ½ cană de apă. Lăsați tortul să se răcească complet.

b) Tăiați grosier tortul și puneți-l într-un castron mare. Cu mâinile curate, sfărâmă tortul.

c) Faceți glazura de tort cu noroi conform instrucțiunilor de pe pachet, folosind unt. Adauga glazura in prajitura maruntita si amesteca pentru a omogeniza.

d) Tapetați 2 tăvi mari cu hârtie de copt. Compactați și rulați linguri de amestec în bile în formă de ou pentru a obține 30 în total. Introduceți fiecare bilă cu un bețișor de prăjitură sau o frigărui. Dă la frigider pentru 15 minute sau până când este ferm.

e) Puneți ciocolata albă într-un castron mic rezistent la căldură peste o cratiță mică cu apă clocotită (asigurați-vă că baza vasului nu atinge apa). Gatiti 5 minute, amestecand din cand in cand, sau pana se topeste.

f) Înmuiați fiecare bilă de tort în formă de ou, una câte una, în ciocolata topită pentru a se acoperi, lăsând să se scurgă excesul de ciocolată, apoi împrăștiați-o cu 100 și 1000s.

g) Puneți prăjiturile acoperite în tăvi, apoi lăsați-le la frigider pentru 15 minute sau până când se fixează. Serviți și bucurați-vă!

36.Cake Pops cu ciocolată cu mentă

INGREDIENTE:
TORT DE CIOCOLATA:
- 2 căni de zahăr
- 1¾ cani de faina universala
- ¾ cană pudră de cacao neîndulcită
- 2 lingurite de bicarbonat de sodiu
- 1 lingurita praf de copt
- 1 lingurita sare
- 2 oua
- 1 cană de zară
- 1 ceasca de cafea neagra tare
- ½ cană ulei vegetal
- 2 lingurite extract de vanilie

CREMA DE UT:
- ½ baton de unt, la temperatura camerei
- 1 cană de zahăr pudră
- 2 lingurite de lapte
- ½ lingurita de vanilie
- ¼ linguriță extract de mentă
- ¼ cană mini chipsuri de ciocolată

STRAT:
- 1 lb. Ciocolată neagră
- ¼ lb. Strat de ciocolată albă (verde deschis)

INSTRUCȚIUNI:
Pentru tort:
a) Preîncălziți cuptorul la 350 ° F și ungeți o tavă de 9 x 13 inchi, tapetând-o cu hârtie de pergament.
b) Într-un castron, combinați zahărul, făina, pudra de cacao, bicarbonatul de sodiu, praful de copt și sarea. Se amestecă la foc mic până se combină bine.
c) Adăugați ouăle, zara, cafeaua, uleiul și vanilia. Bateți la viteză medie aproximativ două minute până când aluatul devine subțire.
d) Turnați aluatul uniform în tava pregătită și coaceți timp de 30 până la 35 de minute sau până când o scobitoare introdusă în centru iese curată.

e) Lăsați tortul să se răcească complet pe un grătar.
PENTRU CREMA DE UNT:
f) Într-un mixer prevăzut cu un accesoriu de sârmă, bateți untul la viteză mare până devine ușor și cremos.
g) Treceți la viteză mică și adăugați încet zahăr pudră, amestecând până se omogenizează.
h) Adăugați vanilia și laptele, apoi reveniți la viteză mare și bateți până devine ușor și pufos.
ASAMBLARE:
i) Odată ce prăjitura s-a răcit, sfărâmă-l în firimituri fine folosind mâinile sau două furculițe.
j) Într-un castron mare, amestecați firimiturile cu ¼ de cană + 1 lingură de smântână de unt, extract de mentă și mini chipsuri de ciocolată până se încorporează complet.
k) Folosiți o lingură mică de înghețată pentru a scoate porțiuni din amestecul de tort și rulați-le între mâini pentru a forma forme rotunde.
l) Așezați biluțele pe o farfurie și acoperiți-le cu folie de plastic, apoi dați-le la frigider pentru cel puțin 2 ore.
m) Topiți învelișul de ciocolată neagră într-un castron sigur pentru cuptorul cu microunde în trepte de 30 de secunde, amestecând după fiecare încălzire, până se topește.
n) Înmuiați un bețișor de acadele în ciocolata topită, apoi introduceți-l în mijlocul unei bile de tort.
o) Înmuiați bila de tort în ciocolata topită până când se acoperă complet, eliminând orice exces.
p) Odată ce s-a scurs excesul de ciocolată, puneți prăjitura pe blocul de polistiren pentru a se usuca.
q) Odată ce ciocolata este uscată, topiți stratul de ciocolată verde și puneți-o într-o pungă cu vârf rotund mic.
r) Stropiți linii de ciocolată verde peste cake pops, acoperind toate părțile, apoi puneți-le înapoi în blocul de polistiren pentru a se usuca.

37. Cake Pops cu ciocolată Starbucks

INGREDIENTE:
- 1 cutie de amestec de tort cu ciocolata
- ⅓ cană glazură de ciocolată
- 1 pungă de bomboane de ciocolată topite (12 uncii)
- Stropi albe

INSTRUCȚIUNI:
a) Începeți prin a vă pregăti tortul conform instrucțiunilor de pe ambalaj.
b) Bate amestecul de tort, apa, uleiul vegetal și ouăle într-un castron mare.
c) Turnați aluatul într-o tavă de copt unsă de 9 x 13 inci sau în două forme rotunde de tort de 8 x 8 inci. Coaceți într-un cuptor la 350°F până când o scobitoare introdusă în centru iese curată.
d) Lăsați tortul să se răcească complet, apoi sfărâmă-l cu o furculiță într-un castron mare sau tava de copt în firimituri fine de tort. Amestecați glazura în tortul mărunțit, acoperiți cu folie de plastic și congelați până se răcește.
e) Folosiți o linguriță pentru prăjituri și mâinile pentru a rula amestecul în bile de dimensiuni egale și așezați-le pe o foaie de prăjituri. Țintește-te pentru dimensiunea unei mingi de ping-pong. Congelați din nou până când bilele sunt tari.
f) Este mai ușor să rulezi amestecul de prăjitură și glazură în bile perfect rotunde dacă este rece. Amestecul este super umed, iar la temperatura camerei, este extrem de dificil să le modelezi perfect. Odată înghețați, mai dați-le încă o ruloală pentru a netezi părțile laterale, apoi puneți-le pe o tavă de copt.
g) Topiți bomboane de ciocolată cu lapte topite în cuptorul cu microunde în trepte de 30 de secunde sau într-un cazan dublu. Înmuiați fiecare baton de acadele în ciocolată, apoi lipiți-l într-una dintre bile de prăjitură. Faceți asta cu toate și puneți-le înapoi la congelator până se solidifică.
h) Înmuiați ușor bilele în ciocolata topită sau puneți ciocolata cu lingura pe bile și răsuciți pentru a se acoperi, lăsând excesul de ciocolată să se prelingă pe hârtie de pergament. Decorați cu stropi, dacă doriți.
i) Puneți-le în poziție verticală într-un bloc de polistiren sau într-o cutie de carton pentru a se întări. Acum ai cake pops ușor!

38.Pops cu ciocolată Espresso

INGREDIENTE:
- 2 cani firimituri de tort de ciocolata (de la un tort de ciocolata copt)
- 1/2 cană ganache de ciocolată
- 1 cană chipsuri de ciocolată neagră
- 1 lingura ulei vegetal
- Pudră espresso instant (pentru praf)

INSTRUCȚIUNI:

a) Într-un castron, amestecați firimiturile de tort de ciocolată și ganache-ul de ciocolată până se omogenizează bine.

b) Formați amestecul în bile mici și puneți-le pe o tavă de copt tapetată.

c) Congelați bilele pentru aproximativ 30 de minute.

d) Topiți chipsurile de ciocolată neagră cu ulei vegetal într-un cuptor cu microunde sau folosind un boiler.

e) Înmuiați fiecare bilă de tort espresso de ciocolată congelată în ciocolata neagră topită, acoperind uniform.

f) Prăfuiți partea superioară a fiecărei bile acoperite cu pudră de espresso instant.

g) Puneți bilele acoperite înapoi pe tava de copt și dați la frigider până când ciocolata se întărește.

39. Pops Red Velvet

INGREDIENTE:
- 2 cani firimituri de prajitura de catifea rosie (de la un tort de catifea rosie copt)
- 1/2 cană de glazură cu cremă de brânză
- 1 cană chipsuri de ciocolată albă
- 1 lingura ulei vegetal
- Colorant alimentar roșu (opțional)

INSTRUCȚIUNI:
a) Într-un castron, amestecați firimiturile de tort de catifea roșie și glazura de brânză până se combină bine.
b) Formați amestecul în bile mici și puneți-le pe o tavă de copt tapetată.
c) Congelați bilele pentru aproximativ 30 de minute.
d) Topiți chipsurile de ciocolată albă cu ulei vegetal în cuptorul cu microunde sau folosind un boiler.
e) Adăugați colorant alimentar roșu la ciocolata albă topită dacă doriți o culoare roșie mai intensă.
f) Înmuiați fiecare minge de tort de catifea roșie congelată în ciocolata albă topită, acoperind uniform.
g) Puneți bilele acoperite înapoi pe tava de copt și dați la frigider până când ciocolata se întărește.

CAKE POPS cu fructe

40.Cake Pops cu Lămâie și Zmeură

INGREDIENTE:
PENTRU CAKE POPS:
- 1 cutie de amestec de tort cu lamaie
- ½ cană de unt nesărat, înmuiat
- ½ cană de lapte integral
- 3 ouă mari
- Coaja unei lămâi

PENTRU Umplutura cu Zmeura:
- 1 cană de zmeură proaspătă
- 2 linguri de zahăr granulat

PENTRU ACOPERIMENTUL DE DULCE:
- 12 uncii de bomboane albe topite sau chipsuri de ciocolată albă
- Colorant alimentar galben sau roz (opțional)
- Coaja de lamaie (pentru garnitura, optional)

PENTRU MONTAREA CAKE POPS:
- Bețișoare de cake pop sau bețișoare de acadele

INSTRUCȚIUNI:
PENTRU CAKE POPS:
a) Preîncălziți cuptorul la temperatura specificată pe cutia de amestec pentru tort.
b) Ungeți și făinați o tavă de copt sau tapetați-o cu hârtie de copt.
c) Într-un castron, pregătiți amestecul de tort cu lămâie conform instrucțiunilor de pe ambalaj, folosind unt nesărat, lapte integral, ouă și coaja de lămâie.
d) Coacem prajitura in cuptorul preincalzit pana cand o scobitoare introdusa in centru iese curata.
e) Lăsați tortul să se răcească complet.

PENTRU Umplutura cu Zmeura:
f) Într-un castron separat, zmeura proaspătă se zdrobește cu zahăr granulat până se formează un piure fin.

PENTRU A MONTA CAKE POPS:
g) Se sfărâmă tortul răcit în firimituri fine folosind mâinile sau un robot de bucătărie.
h) Se amestecă piureul de zmeură în firimiturile de tort până se omogenizează bine.

i) Rulați amestecul în bile mici de prăjitură, de dimensiunea unei mingi de ping pong, și așezați-le pe o foaie de copt tapetată cu pergament.

j) Răciți bilele de tort la frigider pentru aproximativ 30 de minute sau până când sunt ferme.

PENTRU ACOPERIMENTUL DE DULCE:

k) Topiți bomboane albe topite sau fulgi de ciocolată albă conform instrucțiunilor de pe ambalaj, folosind un cuptor cu microunde sau un boiler.

l) Opțional, adăugați câteva picături de colorant alimentar galben sau roz la stratul de bomboane topite pentru a obține o nuanță pastelată.

m) Înmuiați vârful unui baton de prăjitură în învelișul de bomboane topite și introduceți-l în centrul unei bile de prăjitură răcită, cam la jumătatea drumului.

n) Înmuiați întregul cake pop în stratul de bomboane topite, asigurându-vă că este complet acoperit.

A TERMINA:

o) Opțional, ornați fiecare prăjitură cu un strop de coajă de lămâie pentru un plus de aromă de lămâie.

p) Așezați prajitura în poziție verticală într-un bloc de polistiren sau într-un suport de prăjitură pentru a permite stratului de bomboane să se întărească complet.

41.Cake Pops cu tort cu căpșuni

INGREDIENTE:
PENTRU TORTUL DE CAPSUNI:
- 1 cutie de amestec de tort cu capsuni (plus ingredientele enumerate pe cutie)

PENTRU Umplutura de tortă scurtă cu căpșuni:
- 1 cană de căpșuni proaspete tăiate cubulețe
- 2 linguri de zahar

PENTRU MONTAJUL CAKE POP :
- 1 pachet CandiQuik (acoperire de bomboane cu aroma de vanilie)
- Bețișoare de acadele sau bețișoare de prăjitură
- Chipsuri de ciocolată albă sau bomboane albe topite (pentru decor)
- Stropi sau decorațiuni comestibile (opțional)

INSTRUCȚIUNI:
PENTRU TORTUL DE CAPSUNI:
a) Preîncălziți cuptorul conform instrucțiunilor din amestecul de prăjituri cu căpșuni.
b) Pregătiți aluatul de prăjitură cu căpșuni conform instrucțiunilor de pe cutie.
c) Coaceți tortul conform instrucțiunilor și lăsați-l să se răcească complet.

PENTRU Umplutura de tortă scurtă cu căpșuni:
d) Intr-un castron amestecam capsunile taiate cubulete cu zaharul. Lăsați-le să stea aproximativ 10 minute să macereze și să-și elibereze sucurile.
e) Strecurați căpșunile pentru a elimina excesul de lichid, lăsându-vă cu bucăți de căpșuni îndulcite.

PENTRU MONTAJUL CAKE POP :
f) Într-un castron mare, sfărâmă tortul de căpșuni răcit în firimituri fine.
g) Adăugați bucățile de căpșuni îndulcite la firimiturile de tort și amestecați până se omogenizează bine.
h) Rulați amestecul de tort în bile mici de tort și așezați-le pe o tavă tapetată cu pergament.

i) Rupeți CandiQuik-ul în bucăți și puneți-l într-un bol termorezistent. Topiți CandiQuik conform instrucțiunilor de pe ambalaj.

j) Înmuiați vârful fiecărui baton de acadele în CandiQuik topit și introduceți-l într-o bilă de tort, cam la jumătatea drumului. Acest lucru ajută bastonul să rămână pe loc.

k) Înmuiați fiecare prăjitură în CandiQuik topit, asigurându-vă că este complet acoperit.

l) Lăsați excesul de acoperire CandiQuik să se scurgă, apoi puneți cake pops pe tava tapetată cu hârtie de pergament.

m) Opțional: în timp ce învelișul CandiQuik este încă umed, decorați cake pop-urile cu fulgi de ciocolată albă sau bomboane albe topite pentru a semăna cu frișca. Adăugați stropi sau decorațiuni comestibile dacă doriți.

n) Lăsați acoperirea CandiQuik să se întărească complet.

o) Odată setat, cake Pops-urile tale Strawberry Shortcake sunt gata pentru a fi savurate!

42.Cake Pops cu lime cheie

INGREDIENTE:
- 1 cutie de amestec alb pentru tort
- 3 oua
- ⅓ cană de ulei vegetal
- 1 cană de apă
- Zest și suc de 2 lime cheie
- 1 pachet (16 uncii) CandiQuik Candy Coating
- Colorant alimentar verde (opțional)

INSTRUCȚIUNI:

a) Preîncălziți cuptorul la 350°F (175°C). Ungeți și făinați o tavă de copt de 9 x 13 inci.

b) Într-un castron mare, combinați amestecul alb de tort, ouăle, uleiul vegetal, apa, coaja de lime și sucul de lime. Se amestecă până la omogenizare.

c) Turnați aluatul în tava pregătită și coaceți timp de 25-30 de minute, sau până când o scobitoare introdusă în centru iese curată.

d) Lăsați tortul să se răcească complet, apoi sfărâmați-l în firimituri fine într-un castron mare.

e) Rulați firimiturile de tort în bile de 1 ½ inch și așezați-le pe o tavă de copt tapetată cu hârtie ceară. Introduceți un băț de acadea în fiecare minge.

f) Topiți stratul CandiQuik Candy conform instrucțiunilor de pe ambalaj.

g) Înmuiați fiecare prăjitură în CandiQuik topit, asigurându-vă că este acoperit uniform. Opțional, adăugați câteva picături de colorant alimentar verde pentru a obține o culoare cheie lime.

h) Lăsați învelișul să se întărească înainte de a servi aceste prăjituri delicioase cu lămâie. Bucurați-vă!

43.Cake Pops pentru plăcintă cu mere

INGREDIENTE:
- 1 pachet (15,25 uncii) de amestec de tort cu condimente sau amestec de tort galben
- ¾ de cană de umplutură de plăcintă cu mere, tăiată în bucăți mici
- ¾ de cană de glazură din conserva de brânză
- 1 kilogram de înveliș de bomboane de orice culoare (aproximativ 3 căni)
- 4 căni de biscuiți graham zdrobiți

INSTRUCȚIUNI:
a) Pregătiți amestecul de tort conform instrucțiunilor de pe ambalaj și coaceți-l într-o tavă de copt de 13 x 9 x 2 inchi. Lăsați-l să se răcească complet.
b) Într-un castron mare, prăjitura răcită se sfărâmă în firimituri fine. Adăugați umplutura de plăcintă cu mere tocată și glazura cu cremă de brânză. Se amestecă bine până se combină complet.
c) Tapetați două foi de copt cu hârtie ceară. Formați amestecul de tort în bile de 1 ½ inch și puneți-le pe foile de copt pregătite. Acoperiți-le ușor cu hârtie ceară și lăsați-le la congelat timp de 30 de minute.
d) Între timp, topește învelișul de bomboane a cofetarului conform instrucțiunilor de pe ambalaj. Scoateți câteva cake pops din congelator, păstrând restul congelat. Înmuiați fiecare prăjitură în stratul topit, lăsând orice exces să se scurgă.
e) Rulați prăjiturile acoperite în biscuiții graham zdrobiți până când sunt acoperite complet. Așezați-le înapoi pe tava de copt sau într-un suport pentru prăjituri. Se da la rece timp de 10 minute sau până când stratul se întărește. Bucurați-vă de prăjitura de plăcintă cu mere!

44.Pops de pepene verde

INGREDIENTE:
- 1 cutie Betty Crocker Super Moist White Cake Mix
- Apă, ulei vegetal și albușuri conform instrucțiunilor din amestecul de prăjitură
- ¼ linguriță de colorant alimentar cu pastă roz
- ¾ de cană dintr-o cuvă (16 uncii) Betty Crocker Vanilla Frosting
- ¾ cană chipsuri de ciocolată semidulce în miniatură
- 32 de bețișoare de acadele de hârtie
- 1 pungă (16 uncii) bomboane albe topite sau napolitane de acoperire, topite
- 1 bloc mare de spumă de plastic albă
- 1 pungă (16 uncii) bomboane verzi topite sau napolitane de acoperire, topite
- 1 cană de bomboane verde deschis topite (din pungă de 16 uncii), topită

INSTRUCȚIUNI:

a) Preîncălziți cuptorul la 350°F. Ungeți o tavă de 13 x 9 inci cu spray de gătit.

b) Pregătiți și coaceți amestecul de tort conform instrucțiunilor pentru o tavă de 13 x 9 inci, încorporând apă, ulei și albușuri și adăugând colorant alimentar cu pastă roz. Lăsați-l să se răcească complet.

c) Tapetați o foaie de prăjituri cu hârtie cerată. Se sfărâmă tortul într-un castron mare. Adăugați glazura și fulgii de ciocolată, amestecând bine. Modelați amestecul în 32 de bile alungite și puneți-le pe foaia de biscuiți.

d) Congelați până se întăresc, apoi transferați la frigider.

e) Scoateți mai multe bile de prăjitură de la frigider o dată.

f) Înmuiați vârful unui bețișor de acadele ½ inch în bomboana albă topită și introduceți-o într-o bilă de tort, nu prea mult la jumătate. Înmuiați fiecare bilă de tort în bomboana topită pentru a o acoperi, eliminând orice exces.

g) Introduceți capătul opus al bățului în blocul de spumă și lăsați-l să stea până se fixează. Înmuiați fiecare bilă de tort în bomboana verde topită pentru a o acoperi, îndepărtând orice exces.

h) Întoarceți bețișoarele în blocul de spumă și lăsați-le să stea până se întăresc.

i) Folosește o scobitoare pentru a decora bilele de tort cu bomboane de culoare verde deschis, care să semene cu pepenele. Lăsați-le să stea până se întăresc.

45.Cake Pops cu ciocolată și zmeură

INGREDIENTE:
PENTRU INTERIOR PRACTICUL DE CIOOCOLATA:
- 4 cani de faina de migdale (nu faina de migdale)
- ½ cană pudră de cacao neîndulcită
- 1 lingurita sare de mare
- 1 lingurita de bicarbonat de sodiu
- 1 lingurita pudra de extract de stevia pur
- 1 ½ cană de sos de mere
- 6 ouă mari
- 2 linguri extract de vanilie
- 1 cană tartinată cu fructe de zmeură, fără zahăr adăugat (pentru după ce prăjitura este coptă)

Acoperire cu bomboane de ciocolată:
- 2 (4 uncii) batoane de copt cu ciocolată 100% cacao, neîndulcită
- Pudră de extract de stevie pur, după gust
- ½ lingură extract de vanilie

INSTRUCȚIUNI:
a)   Preîncălziți cuptorul la 350 °F și ungeți o tavă de tort de 13 x 9 inci cu ulei de cocos.
b)   Într-un castron mare, amestecați făina de migdale, pudra de cacao, sarea, bicarbonatul de sodiu și stevia.
c)   Într-un castron mediu separat, amestecați sosul de mere, ouăle și extractul de vanilie.
d)   Adăugați ingredientele umede la ingredientele uscate și amestecați până se combină bine.
e)   Turnați aluatul în tava de tort pregătită.
f)   Coaceți 30 până la 35 de minute, până când o scobitoare introdusă în centrul prăjiturii iese curată. Lăsați tortul să se răcească complet înainte de a trece la pasul următor.
g)   Se sfărâmă tortul răcit într-un castron mare și se amestecă cu fructe de zmeură tartinate până se omogenizează bine.
h)   Rulați amestecul în bile de 1 inch și puneți-le pe o tavă acoperită cu hârtie de copt.
i)   Pune bilele de tort la congelator pentru cel puțin 1 oră.
j)   Într-o cratiță mică, topim ciocolata la foc foarte mic.

k) Adăugați extract de vanilie și stevia după gust. Începeți cu o cantitate mică de stevia, gustați și apoi adăugați mai mult dacă este necesar.
l) Odată topit și amestecat, introduceți bețișoare de acadea în bilele de tort și scufundați-le în ciocolata topită.
m) Introduceți prajiturile într-un bloc de polistiren până se răcesc.
Asamblarea finala:
n) Odată ce cake pops s-au răcit complet și stratul de bomboane s-a întărit, puneți o pungă de tratare peste fiecare pop și legați-o cu o panglică.
o) Păstrați-le la frigider până când sunt gata de servire. Savurați prăjiturile voastre cu ciocolată și zmeură!

46.Cake Pops cu afine, portocale, vanilie

INGREDIENTE:
CAKE POP:
- Spray de gătit antiaderent, pentru pulverizarea formelor de prăjitură
- 6 uncii de făină universală, plus mai mult pentru pudrarea formelor de prăjitură
- 8 uncii de făină de prăjitură
- 1 linguriță sare fină
- ¼ linguriță de praf de copt
- ¼ lingurita de bicarbonat de sodiu
- ¾ cană smântână groasă
- ⅓ cană smântână
- Zeste de 1 portocală
- 1 boabe de vanilie, despicată și răzuită
- 3 căni de zahăr granulat
- 2 batoane (8 uncii) unt nesarat, la temperatura camerei
- 6 ouă mari

COMPOTUL DE Afine:
- 1 măr Granny Smith
- O pungă de 8 uncii de merisoare congelate
- 1 cană zahăr granulat
- 1 lingurita scortisoara macinata
- 1 portocala, cu coaja si zeama

CREMA DE UT DE PORTOCALE:
- 6 uncii albușuri de ou
- 1 kilogram de zahăr granulat
- 5 batoane (1 ¼ de kilogram) unt nesarat, la temperatura camerei
- ½ lingurita coaja de portocala
- Ciocolata alba, dupa necesitate pentru acoperire
- Nuci, stropi sau chipsuri de ciocolată, opțional, pentru topping

INSTRUCȚIUNI:
PENTRU CAKE POP:
a) Preîncălziți cuptorul la 350 de grade F. Pulverizați două forme rotunde de 10 inci cu spray de gătit, pudrați cu făină și tapetați partea inferioară cu hârtie de pergament.
b) Cerneți împreună făina universală, făina de prăjitură, sarea, praful de copt și bicarbonatul de sodiu într-un castron mediu și lăsați deoparte. Amestecați smântâna groasă, smântâna, coaja de portocală și boabele de vanilie răzuite într-un alt castron și lăsați deoparte.
c) În vasul unui mixer cu stand, amestecați zahărul și untul la viteză medie până când culoarea se deschide ușor, aproximativ 3 minute. Adăugați ouăle pe rând și bateți până când amestecul este omogen. Adăugați o treime din ingredientele uscate și amestecați la foc mic până se combină, apoi răzuiți bolul. Adăugați jumătate din ingredientele umede și amestecați la foc mic până se combină.
d) Adăugați încă o treime din ingredientele uscate, urmate de ingredientele umede rămase, amestecând la mic după fiecare adăugare și răzuind vasul. Adăugați ingredientele uscate rămase și amestecați până se omogenizează.
e) Împărțiți aluatul între formele de prăjitură pregătite și coaceți până când un tester de prăjituri introdus în mijlocul prăjiturii iese curat, 30 până la 40 de minute. Lasati sa se raceasca complet.

PENTRU COMPOTUL DE Afine:
f) Tăiați mărul în bucăți mici. Într-o cratiță medie, adăugați merisoarele, zahărul, scorțișoara, coaja de portocale, sucul și merele. Gatiti la foc mediu pana cand merisoarele incep sa se deschida si amestecul se ingroasa usor. Transferați într-un bol mediu și lăsați să se răcească.

PENTRU CREMA DE UNT DE PORTOCALE:
g) Puneți albușurile spumă în bolul unui mixer cu suport cu accesoriu pentru tel.
h) Se amestecă zahărul și ½ cană de apă într-o cratiță medie, se pune la foc mare cu un termometru pentru bomboane și se încălzește amestecul la 238 până la 240 de grade F.
i) În timp ce amestecul fierbe, amestecați albușurile la viteză medie până se formează vârfuri moi. Când zahărul care fierbe ajunge la 240

de grade F, turnați-l încet în albușuri cu mixerul la mic. Odată ce a fost adăugat tot zahărul fierbinte, creșteți viteza mixerului la mare și bateți până când se îngroașă, lucios și se răcește.

j) Reduceți viteza și adăugați untul câte 1-2 linguri o dată, amestecând până când crema de unt se îngroașă. Se bate coaja de portocală.

PENTRU A ASAMBLA POP-urile:

k) Se sfărâmă prăjiturile răcite în bucăți mici. Amestecați suficientă smântână de unt pentru a menține prăjiturile împreună. Adăugați cantitatea dorită de compot de afine; ar trebui să fie ceva la fiecare mușcătură. Puneți bilele din amestecul de cake pop pe o tavă de copt tapetată cu pergament. Apăsați un bețișor de prăjitură în fiecare bilă și înghețați până se întărește.

l) Topiți ușor ciocolata albă la băutură. Înmuiați prajiturile congelate în ciocolata albă și puneți-le pe pergament pentru a se întări.

m) Dacă adăugați toppinguri, imediat după ce înmuiați prajiturile în ciocolată, scufundați-le în toppingurile dorite, cum ar fi nuci, stropi sau fulgi de ciocolată.

n) Bucurați-vă de prăjiturile voastre de afine, portocale, vanilie!

47.Cake Pops cu fructe tropicale

INGREDIENTE:
- 1 cutie de amestec de tort cu ananas
- 1 cană de nucă de cocos măruntită
- 1 cană de mango tocat
- 1 cană de ananas tocat
- Bețișoare de acadele
- Ciocolata alba se topeste
- felii asortate de fructe tropicale (opțional)
- Flori comestibile (optional)

INSTRUCȚIUNI:
a) Pregătiți amestecul de tort cu ananas conform instrucțiunilor de pe ambalaj și lăsați-l să se răcească complet.
b) Se sfărâmă tortul răcit în firimituri fine într-un castron mare.
c) Adăugați nucă de cocos măruntită, mango tocat și ananas tocat la firimiturile de tort și amestecați până se omogenizează bine.
d) Rulați amestecul de prăjitură în bile mici și așezați-le pe o tavă de copt tapetată.
e) Introduceți un bețișor de acadele în fiecare bilă de prăjitură și congelați timp de 15 minute.
f) Topiți ciocolata albă topită conform instrucțiunilor de pe ambalaj.
g) Înmuiați fiecare prăjitură în ciocolata albă topită, lăsând excesul să se scurgă.
h) Opțional: Decorați cu felii de fructe tropicale asortate sau flori comestibile pentru o notă tropicală.
i) Lăsați ciocolata să se întărească înainte de servire.

48.Cake Pops cu capsuni Kiwi

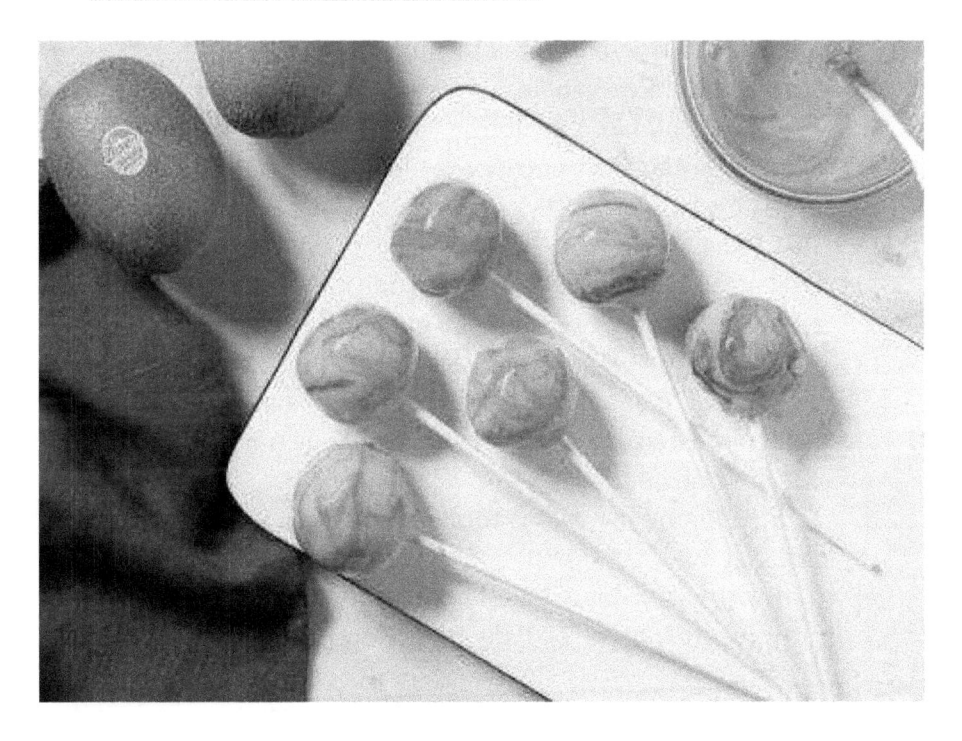

INGREDIENTE:
- 1 cutie de amestec de tort cu capsuni
- 1/2 cană de fructe kiwi tăiate cubulețe
- 1 cană glazură de vanilie
- 12 uncii de bomboane albe se topesc
- Kiwi felii și căpșuni pentru ornat

INSTRUCȚIUNI:
a) Coaceți amestecul de tort cu căpșuni conform instrucțiunilor de pe ambalaj. Se lasa sa se raceasca complet.
b) Se sfărâmă tortul într-un castron mare și se amestecă cu fructele de kiwi tăiate cubulețe și glazura de vanilie până se combină bine.
c) Rulați amestecul în bile mici și puneți-le pe o tavă de copt tapetată cu hârtie de copt.
d) Topiți bomboane albe topite conform instrucțiunilor de pe ambalaj.
e) Înmuiați vârful unui bețișor de acadele în bomboane topite și introduceți-l într-o bilă de tort. Repetați cu bilele de prăjitură rămase.
f) Înmuiați fiecare prajitură în bomboane topite, eliminând orice exces.
g) Decorați cu o felie de kiwi sau căpșuni deasupra.
h) Lăsați cake pops să se aseze pe hârtie de pergament până când stratul de bomboane se întărește.

49.Cake Pops Banana Split

INGREDIENTE:
- 1 cutie de amestec de tort cu banane
- 1/2 cană de ananas tăiat cubulețe
- 1/2 cană căpșuni mărunțite
- 1/4 cana nuci tocate (optional)
- 1 cană glazură de ciocolată
- 12 uncii de bomboane de ciocolată cu lapte se topesc
- Cireșe Maraschino pentru ornat

INSTRUCȚIUNI:
a) Pregătiți amestecul de prăjitură cu banane conform instrucțiunilor de pe ambalaj. Se lasa sa se raceasca complet.
b) Se sfărâmă tortul într-un castron mare și se amestecă cu ananasul tăiat cubulețe, căpșunile tocate, nucile mărunțite (dacă se folosește) și glazura de ciocolată până se combină bine.
c) Rulați amestecul în bile mici și puneți-le pe o tavă de copt tapetată cu hârtie de copt.
d) Topiți bomboane de ciocolată cu lapte conform instrucțiunilor de pe ambalaj.
e) Înmuiați vârful unui bețișor de acadele în ciocolata topită și introduceți-l într-o bilă de tort. Repetați cu bilele de prăjitură rămase.
f) Înmuiați fiecare prajitură în ciocolata topită, eliminând orice exces.
g) Puneți o cireșă maraschino deasupra fiecărei prăjituri.
h) Lăsați cake pops să se aseze pe hârtie de pergament până când stratul de ciocolată se întărește.

50.Cake Pops amestecat cu fructe de padure

INGREDIENTE:
- 1 cutie de amestec de tort cu vanilie
- 1/2 cană fructe de padure amestecate (cum ar fi zmeura, afine și mure), tocate
- 1 cană de glazură cu cremă de brânză
- 12 uncii de bomboane albe se topesc
- Felii de fructe de padure amestecate pentru decor

INSTRUCȚIUNI:
a) Coaceți amestecul de tort cu vanilie conform instrucțiunilor de pe ambalaj. Se lasa sa se raceasca complet.
b) Se sfărâmă tortul într-un castron mare și se amestecă amestecul de fructe de pădure tocate și glazura de brânză până se combină bine.
c) Rulați amestecul în bile mici și puneți-le pe o tavă de copt tapetată cu hârtie de copt.
d) Topiți bomboane albe topite conform instrucțiunilor de pe ambalaj.
e) Înmuiați vârful unui bețișor de acadele în bomboane topite și introduceți-l într-o bilă de tort. Repetați cu bilele de prăjitură rămase.
f) Înmuiați fiecare prajitură în bomboane topite, eliminând orice exces.
g) Decorați cu felii de fructe de padure amestecate deasupra.
h) Lăsați cake pops să se aseze pe hârtie de pergament până când stratul de bomboane se întărește.

51.Cake Pops cu susul în jos cu ananas

INGREDIENTE:
- 1 cutie de amestec galben pentru tort
- 1 cană de ananas tăiat cubulețe, scurs
- 1/2 cana cirese maraschino, tocate
- 1 cană glazură de vanilie
- 12 uncii bomboane galbene se topesc
- Cireșe Maraschino pentru ornat

INSTRUCȚIUNI:
a) Pregătiți amestecul galben de tort conform instrucțiunilor de pe ambalaj. Se lasa sa se raceasca complet.
b) Se sfărâmă tortul într-un castron mare și se amestecă cu ananasul tăiat cubulețe, cireșele maraschino mărunțite și glazura de vanilie până se combină bine.
c) Rulați amestecul în bile mici și puneți-le pe o tavă de copt tapetată cu hârtie de copt.
d) Topiți bomboane galbene conform instrucțiunilor de pe ambalaj.
e) Înmuiați vârful unui bețișor de acadele în bomboane topite și introduceți-l într-o bilă de tort. Repetați cu bilele de prăjitură rămase.
f) Înmuiați fiecare prajitură în bomboane topite, eliminând orice exces.
g) Puneți o cireșă maraschino deasupra fiecărei prăjituri.
h) Lăsați cake pops să se aseze pe hârtie de pergament până când stratul de bomboane se întărește.

52.Cake Pops cu nucă de cocos şi lămâie

INGREDIENTE:
- 1 cutie de amestec alb pentru tort
- Zeste de 2 lime
- 1 cană nucă de cocos măruntită
- 1 cană de glazură cu cremă de brânză
- 12 uncii de bomboane albe se topesc
- Felii de lime pentru ornat

INSTRUCȚIUNI:
a) Pregătiți amestecul alb de tort conform instrucțiunilor de pe ambalaj. Se lasa sa se raceasca complet.
b) Se sfărâmă tortul într-un castron mare și se amestecă cu coaja de lime, nuca de cocos măruntită și glazura de brânză până se combină bine.
c) Rulați amestecul în bile mici și puneți-le pe o tavă de copt tapetată cu hârtie de copt.
d) Topiți bomboane albe topite conform instrucțiunilor de pe ambalaj.
e) Înmuiați vârful unui bețișor de acadele în bomboane topite și introduceți-l într-o bilă de tort. Repetați cu bilele de prăjitură rămase.
f) Înmuiați fiecare prajitură în bomboane topite, eliminând orice exces.
g) Se orneaza cu o felie de lime deasupra.
h) Lăsați cake pops să se aseze pe hârtie de pergament până când stratul de bomboane se întărește.

53. Cake Pops cu ciocolată și zmeură

INGREDIENTE:
- 1 cutie de amestec de tort de ciocolata
- 1 cană conserve de zmeură
- 1 cană glazură de ciocolată
- 12 uncii de bomboane de ciocolată neagră se topesc
- Zmeura proaspata pentru garnitura

INSTRUCȚIUNI:
a) Coaceți amestecul de tort de ciocolată conform instrucțiunilor de pe ambalaj. Se lasa sa se raceasca complet.
b) Se sfărâmă tortul într-un castron mare și se amestecă în conservele de zmeură și glazura de ciocolată până se combină bine.
c) Rulați amestecul în bile mici și puneți-le pe o tavă de copt tapetată cu hârtie de copt.
d) Topiți bomboane de ciocolată neagră conform instrucțiunilor de pe ambalaj.
e) Înmuiați vârful unui bețișor de acadele în ciocolata topită și introduceți-l într-o bilă de tort. Repetați cu bilele de prăjitură rămase.
f) Înmuiați fiecare prajitură în ciocolata topită, eliminând orice exces.
g) Puneți o zmeură proaspătă deasupra fiecărei prăjituri.
h) Lăsați cake pops să se aseze pe hartie de pergament până când stratul de ciocolată se întărește.

54.Cake Pops cu mere și scorțișoară

INGREDIENTE:
- 1 cutie de amestec de tort cu condimente
- 1 cana mere tocate marunt
- 1 lingurita scortisoara macinata
- 1 cană de glazură cu cremă de brânză
- 12 uncii de bomboane topite cu aromă de caramel
- Batoane de scortisoara pentru decor

INSTRUCȚIUNI:
a) Pregătiți amestecul de tort cu condimente conform instrucțiunilor de pe ambalaj. Se lasa sa se raceasca complet.
b) Se sfărâmă tortul într-un castron mare și se amestecă cu merele tocate, scorțișoara măcinată și glazura de brânză până se combină bine.
c) Rulați amestecul în bile mici și puneți-le pe o tavă de copt tapetată cu hârtie de copt.
d) Topiți bomboanele cu aromă de caramel conform instrucțiunilor de pe ambalaj.
e) Înmuiați vârful unui bețișor de acadele în bomboane topite și introduceți-l într-o bilă de tort. Repetati cu bilele de prăjitură rămase.
f) Înmuiați fiecare prajitură în bomboane topite, eliminând orice exces.
g) Decorați cu un baton mic de scorțișoară deasupra.
h) Lăsați cake pops să se aseze pe hârtie de pergament până când stratul de bomboane se întărește.

CAKE POPS FLORAL

55.Cake Pops cu iasomie

INGREDIENTE:
- 1 cutie de amestec alb pentru tort
- 2 linguri de flori de iasomie uscate, macinate fin
- 1 cană glazură de vanilie
- 12 uncii de bomboane albe se topesc
- Flori comestibile de iasomie pentru decor

INSTRUCȚIUNI:
a) Pregătiți amestecul alb de prăjitură conform instrucțiunilor de pe ambalaj, adăugând în aluat florile de iasomie uscate măcinate fin. Se lasa sa se raceasca complet.
b) Se sfărâmă tortul într-un castron mare și se amestecă cu glazura de vanilie până se combină bine.
c) Rulați amestecul în bile mici și puneți-le pe o tavă de copt tapetată cu hârtie de copt.
d) Topiți bomboane albe topite conform instrucțiunilor de pe ambalaj.
e) Înmuiați vârful unui bețișor de acadele în bomboane topite și introduceți-l într-o bilă de tort. Repetați cu bilele de prăjitură rămase.
f) Înmuiați fiecare prajitură în bomboane topite, eliminând orice exces.
g) Decorați cu flori de iasomie comestibile deasupra.
h) Lăsați cake pops să se aseze pe hârtie de pergament până când stratul de bomboane se întărește.

56. Hibiscus Cake Pops

INGREDIENTE:
- 1 cutie de amestec de tort cu capsuni
- 1/4 cană flori de hibiscus uscate, măcinate fin
- 1 cană de glazură cu cremă de brânză
- 12 uncii de bomboane roz se topesc
- Petale de hibiscus comestibile pentru decor

INSTRUCȚIUNI:
a) Pregătiți amestecul de prăjitură cu căpșuni conform instrucțiunilor de pe ambalaj. Se lasa sa se raceasca complet.
b) Se sfărâmă tortul într-un castron mare și se amestecă cu florile uscate de hibiscus măcinate fin și glazura de brânză până se combină bine.
c) Rulați amestecul în bile mici și puneți-le pe o tavă de copt tapetată cu hârtie de copt.
d) Topiți bomboane roz conform instrucțiunilor de pe ambalaj.
e) Înmuiați vârful unui bețișor de acadele în bomboane topite și introduceți-l într-o bilă de tort. Repetați cu bilele de prăjitură rămase.
f) Înmuiați fiecare prajitură în bomboane topite, eliminând orice exces.
g) Decorați cu petale de hibiscus comestibile deasupra.
h) Lăsați cake pops să se aseze pe hârtie de pergament până când stratul de bomboane se întărește.

57.Cake Pops cu mușețel și lămâie

INGREDIENTE:
- 1 cutie de amestec de tort cu lamaie
- 2 linguri de flori de musetel uscate
- Zest de 1 lămâie
- 1 cană glazură de lămâie
- 12 uncii bomboane galbene se topesc
- Flori comestibile de mușețel pentru decor

INSTRUCȚIUNI:
a) Pregătiți amestecul de prăjitură cu lămâie conform instrucțiunilor de pe ambalaj, adăugând în aluat florile de mușețel uscate și coaja de lămâie. Se lasa sa se raceasca complet.
b) Se sfărâmă tortul într-un castron mare și se amestecă cu glazura de lămâie până se combină bine.
c) Rulați amestecul în bile mici și puneți-le pe o tavă de copt tapetată cu hârtie de copt.
d) Topiți bomboane galbene conform instrucțiunilor de pe ambalaj.
e) Înmuiați vârful unui bețișor de acadele în bomboane topite și introduceți-l într-o bilă de tort. Repetați cu bilele de prăjitură rămase.
f) Înmuiați fiecare prajitură în bomboane topite, eliminând orice exces.
g) Decorați cu flori comestibile de mușețel deasupra.
h) Lăsați cake pops să se aseze pe hârtie de pergament până când stratul de bomboane se întărește.

58.Violet Cake Pops

INGREDIENTE:
- 1 cutie de amestec de tort cu vanilie
- 2 linguri de flori de violete uscate, măcinate fin
- 1 cană glazură de vanilie
- 12 uncii de bomboane violete se topesc
- Flori comestibile de violet pentru decor

INSTRUCȚIUNI:
a) Pregătiți amestecul de prăjitură cu vanilie conform instrucțiunilor de pe ambalaj, adăugând în aluat florile de violetă uscate măcinate fin. Se lasa sa se raceasca complet.
b) Se sfărâmă tortul într-un castron mare și se amestecă cu glazura de vanilie până se combină bine.
c) Rulați amestecul în bile mici și puneți-le pe o tavă de copt tapetată cu hârtie de copt.
d) Topiți bomboane violete conform instrucțiunilor de pe ambalaj.
e) Înmuiați vârful unui bețișor de acadele în bomboane topite și introduceți-l într-o bilă de tort. Repetați cu bilele de prăjitură rămase.
f) Înmuiați fiecare prajitură în bomboane topite, eliminând orice exces.
g) Decorați cu flori de violet comestibile deasupra.
h) Lăsați cake pops să se aseze pe hârtie de pergament până când stratul de bomboane se întărește.

59.Cake Pops cu trandafiri

INGREDIENTE:
- 1 cutie de amestec de tort cu vanilie
- 1 lingurita apa de trandafiri
- Colorant alimentar roz (opțional)
- 1 cană glazură de vanilie
- 12 uncii de bomboane roz se topesc
- Petale de trandafir comestibile pentru decor

INSTRUCȚIUNI:
a) Pregătiți amestecul de tort cu vanilie conform instrucțiunilor de pe ambalaj, adăugând apa de trandafiri în aluat. Opțional, adăugați câteva picături de colorant alimentar roz pentru o culoare mai vibrantă. Se lasa sa se raceasca complet.
b) Se sfărâmă tortul într-un castron mare și se amestecă cu glazura de vanilie până se combină bine.
c) Rulați amestecul în bile mici și puneți-le pe o tavă de copt tapetată cu hârtie de copt.
d) Topiți bomboane roz conform instrucțiunilor de pe ambalaj.
e) Înmuiați vârful unui bețișor de acadele în bomboane topite și introduceți-l într-o bilă de tort. Repetați cu bilele de prăjitură rămase.
f) Înmuiați fiecare prajitură în bomboane topite, eliminând orice exces.
g) Decorați cu petale de trandafir comestibile deasupra.
h) Lăsați cake pops să se aseze pe hartie de pergament până când stratul de bomboane se întărește.

60.Cake Pops cu miere de lavandă

INGREDIENTE:
- 1 cutie de amestec galben pentru tort
- 2 linguri de lavandă culinară uscată
- 1/4 cană miere
- 1 cană glazură de vanilie
- 12 uncii de bomboane topite de culoarea lavandei
- Flori comestibile pentru decor

INSTRUCȚIUNI:
a) Coaceți amestecul de tort galben conform instrucțiunilor de pe ambalaj, adăugând lavandă uscată în aluat înainte de coacere. Se lasa sa se raceasca complet.
b) Se sfărâmă tortul într-un castron mare și se amestecă cu glazura de miere și vanilie până se combină bine.
c) Rulați amestecul în bile mici și puneți-le pe o tavă de copt tapetată cu hârtie de copt.
d) Topiți bomboanele de culoare lavandă conform instrucțiunilor de pe ambalaj.
e) Înmuiați vârful unui bețișor de acadele în bomboane topite și introduceți-l într-o bilă de tort. Repetați cu bilele de prăjitură rămase.
f) Înmuiați fiecare prajitură în bomboane topite, eliminând orice exces.
g) Decorați cu flori comestibile deasupra.
h) Lăsați cake pops să se aseze pe hârtie de pergament până când stratul de bomboane se întărește.

CAKE POPS cu cereale

61. Froot Loops Cake Pops

INGREDIENTE:
- 1 cutie (15,25 uncii) de amestec de căpșuni sau galben pentru prăjitură
- ¾ de cană de glazură din conserva de brânză
- 1 kilogram de înveliș de bomboane de cofetar (aproximativ 3 căni), orice culoare
- 4 căni de cereale Froot Loops

INSTRUCȚIUNI:
a) Pregătiți amestecul de tort conform instrucțiunilor de pe pachet și coaceți-l într-o tavă de copt de 13 x 9 x 2 inchi. Lasă-l să se răcească complet.
b) Se sfărâmă tortul răcit în firimituri fine într-un castron mare. Se pune glazura peste firimituri si se bate la viteza mica cu un mixer electric pana se omogenizeaza bine.
c) Tapetați două foi de copt cu hârtie ceară. Modelați amestecul de tort în bile de 1 ½ inch la capetele bețișoarelor de prăjitură folosind mâinile. Așezați-le pe una dintre foile de copt pregătite și acoperiți-le cu hârtie ceară. Congelați timp de 30 de minute.
d) Între timp, topește stratul de cofetar conform instrucțiunilor de pe ambalaj. Scoateți câteva cake pops din congelator, păstrând restul congelat. Înmuiați-le cu grijă în strat, lăsând orice exces să se scurgă. Apăsați cerealele FROOT LOOPS pe acoperire.
e) Așezați-le pe a doua foaie de copt pregătită sau într-un suport pentru prăjituri. Se da la rece timp de 10 minute sau până când stratul se întărește.

62.Prăjituri cu fructe cu pietricele

INGREDIENTE:

- 1 pachet (15,25 uncii) de vanilie sau amestec de tort galben
- ¾ de cană de glazură din conserva de brânză
- 1 kilogram de înveliș de bomboane de orice culoare (aproximativ 3 căni)
- 4 căni de cereale Fruity Pebbles

INSTRUCȚIUNI:

a) Pregătiți amestecul de tort conform instrucțiunilor de pe ambalaj și coaceți-l într-o tavă de copt de 13 x 9 x 2 inchi. Se lasa sa se raceasca complet.

b) Într-un castron mare, prăjitura răcită se sfărâmă în firimituri fine. Adăugați glazura cu cremă de brânză și amestecați până se omogenizează bine.

c) Tapetați două foi de copt cu hârtie ceară. Formați amestecul de tort în bile de 1 ½ inch și puneți-le pe foile de copt pregătite. Acoperiți-le ușor cu hârtie ceară și lăsați-le la congelat timp de 30 de minute.

d) Între timp, topește învelișul de bomboane a cofetarului conform instrucțiunilor de pe ambalaj. Scoateți câteva cake pops din congelator, păstrând restul congelat. Înmuiați fiecare prăjitură în stratul topit, lăsând orice exces să se scurgă.

e) Rulați prăjiturile acoperite în cerealele Fruity Pebbles până când sunt acoperite complet. Așezați-le înapoi pe tava de copt sau într-un suport pentru prăjituri. Se da la rece timp de 10 minute sau până când stratul se întărește. Bucurați-vă de prajiturile cu fructe cu pietricele!

63.Cake Pops cu cereale Trix

INGREDIENTE:
- 1 cutie de Betty Crocker Super Moist Yellow Cake Mix sau Betty Crocker Super Moist White Cake Mix
- Apă, ulei vegetal și ouă sau albușuri conform instrucțiunilor de amestec pentru prăjitură
- 1 cada (16 uncii) de glazură bogată și cremoasă de vanilie Betty Crocker
- 4 căni de cereale Trix
- 36 uncii de înveliș de bomboane cu aromă de vanilie (coarță de migdale)
- 48 de bețișoare de acadele de hârtie

INSTRUCȚIUNI:

a) Preîncălziți cuptorul la 350 ° F (325 ° F pentru tava întunecată sau antiaderentă). Pregătiți și coaceți tortul conform instrucțiunilor de pe cutie pentru o tavă de 13x9 inci. Se lasa sa se raceasca complet, aproximativ 1 ora.

b) Într-un castron mare, sfărâmă tortul și amestecă glazura până se omogenizează bine. Se da la frigider pentru aproximativ 2 ore sau pana este suficient de ferm pentru a se modela.

c) Rulați amestecul de tort în 48 de bile, fiecare cu dimensiunea de aproximativ 1 ½ inch și așezați-le pe o foaie de prăjituri. Congelați timp de 1 până la 2 ore sau până când este ferm. Între timp, zdrobiți aproximativ cerealele. Tapetați o altă foaie de prăjituri cu hârtie cerată.

d) Într-un castron de 1 litru care poate fi folosit la microunde, puneți la microunde 12 uncii de învelis de bomboane descoperit la înaltă timp de 1 minut și 30 de secunde; se amestecă. Continuați să puneți la microunde și să amestecați la intervale de 15 secunde până se topește; se amestecă până la omogenizare. Scoateți o treime din bile din congelator. Folosind 2 furculițe, scufundați și rostogoliți fiecare bilă în strat.

e) Așezați-le pe foaia de prăjituri tapetată cu hârtie cerată. Se presară imediat cerealele zdrobite. Topiți stratul de bomboane rămas în loturi de 12 uncii; înmuiați biluțele rămase și stropiți cu cereale. Pune-le la frigider.

f) Pentru a servi, introduceți cu grijă bețișoare în biluțele de tort. Păstrați orice bile de prăjitură rămase într-un recipient ermetic la frigider.

64. Cheerios Banana Cake Pops

INGREDIENTE:
- 1 cutie de Betty Crocker Super Moist Yellow Cake Mix
- 1 cană de piure de banane foarte coapte (2 banane medii)
- ½ cană de ulei vegetal
- ¼ cană de apă
- 3 oua
- 2 ½ pungi (14 uncii fiecare) de bomboane galbene topite
- 60 de bețișoare de acadele de hârtie
- 3 ½ căni de cereale Chocolate Cheerios
- 3 ½ căni de cereale Cheerios cu unt de arahide

INSTRUCȚIUNI:
a) Preîncălziți cuptorul la 325°F (163°C). Pulverizați o tavă antiaderentă pentru copt cake pop cu spray de copt care include făină.
b) Într-un castron mare, amestecați amestecul de tort, piureul de banane, uleiul vegetal, apa și ouăle cu un mixer electric la viteză mică timp de 30 de secunde. Apoi, bateți la viteză medie timp de 2 minute, răzuind ocazional bolul până când amestecul este omogen.
c) În jumătatea inferioară a tavii (fără găuri), umpleți fiecare godeu cu 1 lingură de măsurat nivel de aluat de prăjitură. Puneți partea superioară a tigaii deasupra și fixați-o cu chei. (Acoperiți aluatul de prăjitură rămas cu folie de plastic și lăsați-l la frigider.)
d) Coaceți timp de 18 până la 22 de minute sau până când o scobitoare introdusă în centru iese curată. Lăsați biluțele de prăjitură să se răcească timp de 5 minute în tavă, apoi scoateți-le și răciți complet pe un grătar.
e) Repetați cu aluatul de prăjitură rămas, curățând și pulverizați tava înainte de a o umple din nou cu aluat.
f) Într-un bol care poate fi gătit cu microunde, puneți la microunde 1 pungă de bomboane topite descoperite la putere medie (50%) timp de 1 minut, apoi la intervale de 15 secunde, până se topește; se amestecă până la omogenizare.
g) Înainte de a scufunda bilele de tort, tăiați marginile biluțelor de tort coapte.

h) Înmuiați vârful fiecărei bețișoare de acadele aproximativ ½ inch în bomboana topită și introduceți-o într-un cake pop, apoi înmuiați cake pop în bomboana topită pentru a o acoperi.

i) Atingeți orice exces. (Reîncălziți bomboana în cuptorul cu microunde dacă devine prea groasă pentru a fi acoperită.) Puneți imediat cerealele pe cake pops acoperite pentru a le decora. Introduceți bucățile de prăjitură în spuma de plastic pentru a permite bomboanelor să se întărească.

j) Repetați cu restul de cake pops și bomboane topite.

65.Pâine prăjită cu scorțișoară

INGREDIENTE:
- 1 cutie de amestec galben de tort
- Apă, ulei vegetal și ouă, după cum este necesar de amestecul de prăjitură
- ½ cană de cereale Cinnamon Toast Crunch, zdrobite
- ¾ cană de glazură cu cremă de brânză
- 1 pachet (16 uncii) de acoperire cu bomboane de vanilie
- 48 de bețișoare de acadele de hârtie
- Cereale suplimentare cu scorțișoară Toast Crunch pentru decor (opțional)

INSTRUCȚIUNI:
a) Pregătiți amestecul galben de tort conform instrucțiunilor de pe cutie, folosind apa necesară, ulei vegetal și ouă. Lăsați tortul să se răcească complet odată copt.
b) Într-un castron mare, prăjitura răcită se sfărâmă în firimituri fine.
c) Adăugați cerealele zdrobite Cinnamon Toast Crunch și glazura de brânză la firimiturile de tort. Se amestecă până se combină bine și amestecul se menține împreună.
d) Formați amestecul de tort în bile de 1 ½ inch și puneți-le pe o tavă de copt tapetată cu hârtie de copt.
e) Introduceți un băț de acadele în fiecare bilă de tort.
f) Topiți învelișul de bomboane de vanilie conform instrucțiunilor de pe ambalaj.
g) Înmuiați fiecare prăjitură în stratul de bomboane topite, asigurându-vă că este acoperit uniform. Lăsați excesul de acoperire să se scurgă.
h) Dacă doriți, presărați cereale zdrobite suplimentare Cinnamon Toast Crunch deasupra cake pops acoperite pentru decor.
i) Puneți prăjitura în poziție verticală pe foaia de copt tapetată cu pergament sau introduceți bețișoarele într-un bloc de spumă pentru a permite stratului să se întărească.
j) Odată ce învelișul s-a întărit, cake pop-urile tale Cinnamon Toast Crunch sunt gata de servire. Bucurați-vă!

66.Cerealele de ciocolată Lucky Charms

INGREDIENTE:
- 6 căni de cereale Lucky Charms
- ¼ cană de unt (½ baton)
- ¾ ceasca de chipsuri de ciocolata alba
- 1 pungă de 10 uncii de mini marshmallows
- 1 lingurita de extract de vanilie
- Ciocolată albă suplimentară pentru scufundare

INSTRUCȚIUNI:
a) Turnați șase căni de cereale Lucky Charms într-un bol mare de amestecare.
b) Intr-o cratita la foc mediu, topim untul.
c) Adăugați fulgii de ciocolată albă în untul topit și continuați să se topească.
d) Odată ce fulgii de ciocolată s-au topit, adăugați mini bezele și amestecați până se topesc complet. Se amestecă extractul de vanilie.
e) Turnați amestecul de marshmallow topit peste cerealele Lucky Charms și amestecați bine. Utilizați inițial o lingură, apoi curățați-vă mâinile pentru a asigura o amestecare bună.
f) Răspândiți amestecul într-o tavă de sticlă de 13 x 9 inci pulverizată cu spray de gătit. Lăsați-l să se instaleze, apoi tăiați-l în pătrate.
g) Rulați amestecul de cereale în bile puțin mai mari decât dimensiunea cake pop. Introduceți un bețișor de popsicle în fiecare bilă, adăugând puțină ciocolată topită la un capăt al bețișoarei și introducând-o în ciocolata de cereale.
h) Lăsați-l să se stabilească, apoi înmuiați vârful popsurilor de cereale în ciocolată albă topită. Introduceți celălalt capăt al bețișoarei de popsicle în spumă pentru a-i permite să se întărească.
i) Rulați amestecul de cereale în bile.
j) Înmuiați capetele opuse ale pop-ului de cereale în ciocolată albă topită.
k) Puneți-le în ambalaje de cupcake cu unul dintre capetele înmuiate în ciocolată albă în jos. Ciocolata va ajuta la menținerea cerealelor la loc.

67.Cake Pops cu cereale cu migdale și ciocolată

INGREDIENTE:
- 1 pachet de amestec de tort de ciocolată fără cereale Bob's Red Mill
- 1 cutie de glazura de ciocolata
- 2 căni de cereale de migdale din ciocolată neagră
- 2 cesti de ciocolata demidulce topita
- Bețișoare de bomboane

INSTRUCȚIUNI:

a) Pregătiți Bob's Red Mill Tort de ciocolată fără cereale conform instrucțiunilor de pe ambalaj. După ce s-a răcit, prăjitura se sfărâmă și se amestecă cu glazura de ciocolată până se omogenizează bine. Rulați amestecul în bile.

b) Înmuiați vârful fiecărui baton de bomboane în ciocolată topită, apoi introduceți-l în fiecare bilă de tort. Dați bilele de tort până se întăresc, aproximativ o oră.

c) Într-un robot de bucătărie, adăugați cereale de migdale cu ciocolată neagră și presă până se măcina grosier. Pus deoparte.

d) Înmuiați fiecare bilă de tort în ciocolata topită rămasă, asigurându-vă că este acoperită uniform. Apoi, ungem biluțele de tort acoperite cu ciocolată cu cereale măcinate.

e) Puneți prajiturile finite pe o placă de spumă pentru a se întări.

f) Servește și bucură-te de delicioasele tale cake pops cu cereale!

68. Nugat Pops

INGREDIENTE:
- 16 uncii/452 grame puf de marshmallow
- 1 cană crocante de orez
- ¾ cană unt de arahide Gefen
- Ciocolata topita la alegere, pentru scufundare
- Crocant de nucă de cocos sau crocant de arahide, pentru garnitură (cum ar fi Baker's Choice)

INSTRUCȚIUNI:
a) Combinați toate ingredientele într-un castron, lucrând amestecul cu mâna sau cu o lingură de metal până se omogenizează bine și nu se lipește. Amestecul va deveni elastic.
b) Formați bile cu mâna și așezați-le pe o foaie de prăjituri tapetată cu hârtie de pergament Gefen.
c) Congelați aproximativ 20 de minute sau până când sunteți gata de înmuiat. Poate doriți să rerulați bilele în timp ce sunt reci, deoarece au tendința de a se bălți.
d) Înmuiați imediat fiecare minge în ciocolata topită la alegere, apoi decorați cu crocant de nucă de cocos sau crocant de arahide. Recongelați până este gata de mâncare.
e) Acestea pot fi păstrate ca bile sau transformate în pop. Pentru pops, introduceți bețișoare după ce le-ați scos din congelator.
f) Bucurați-vă de delicioaselele voastre Pops Nougat!

CAKE POPS CARAMEL

69. Dulce de Leche Cake Balls

INGREDIENTE:
- 1 reteta Tort galben cu zara, copt, racit si maruntit
- 1 cutie de dulce de leche (13,4 uncii până la 14 uncii).
- 1 ¾ de kilograme de ciocolată cu lapte, tocată mărunt
- 5 uncii de caramel, cum ar fi Nestlé
- 56 de pahare de hârtie miniaturale canelate (opțional)

INSTRUCȚIUNI:
a) Combinați tortul mărunțit cu ¾ de cană de dulce de leche. Ajustați cantitatea de dulce de leche după cum este necesar pentru aromă și umiditate. Rulați amestecul în bile de tort de mărimea unei mingi de golf. Se da la rece până se întărește. Acest lucru se poate face cu 1 zi înainte; depozitați bilele ferme într-un recipient ermetic.

b) Tapetați două foi de copt cu ramă cu hârtie de copt sau folie de aluminiu. Topiți ciocolata cu lapte la cuptorul cu microunde sau folosind un boiler.

c) Înmuiați fiecare bilă de tort pe rând în ciocolata topită, lăsând ciocolata în exces să picure înapoi în recipient. Așezați biluțele acoperite la distanță uniformă pe tigăile pregătite. Se da la rece pentru scurt timp pana se intareste ciocolata.

d) Se pune caramelul la microunde până când este lichid, având grijă să nu fiarbă. Folosiți o furculiță pentru a picura în zig-zag de caramel deasupra fiecărei bile acoperite cu ciocolată. Dă din nou la frigider până se întărește caramelul. Tăiați fundul bilelor de tort dacă este necesar. Opțional, puneți fiecare bilă de tort într-o ceașcă de hârtie canelată în miniatură.

e) Aranjați biluțele de tort într-un singur strat într-un recipient ermetic și lăsați-le la frigider până la 4 zile. Înainte de servire, aduceți-le la temperatura camerei.

70.Cake Pops cu gogoși și mere cu caramel

INGREDIENTE:
- 12 bijelii de mere sau gogoși glazurate din cidru de mere
- 2-4 linguri de unt de mere
- 1 lingurita pasta de boabe de vanilie
- 10 uncii de caramele mestecate Werther's Original
- 3 linguri smantana grea pentru frisca
- Arahide tocate
- Bețișoare de prăjitură sau acadele (opțional)
- Căptușeală pentru mini cupcake (opțional)

INSTRUCȚIUNI:
a) Tapetați o tavă de copt cu hârtie de copt și ungeți-o ușor.
b) Tăiați în bucăți de mărimea unei mușcături piselele de mere sau gogoșile glazurate. Folosiți un mixer pentru a sfărâma bucățile complet înainte de a adăuga orice ingrediente umede.
c) Odată ce bucățile sunt sfărâmate, adăugați pasta de boabe de vanilie și încorporați treptat untul de mere, câte o lingură, până când amestecul ajunge la o consistență umedă, asemănătoare cu aluatul de prăjituri, dar nu la fel de lipicios ca aluatul de prăjitură.
d) Aluatul trebuie să formeze o minge mare și să-și mențină forma când este rulat, fără să se sfărâme.
e) Folosiți o lingură de biscuiți de 1 uncie pentru a porționa și rulați aluatul în bile.
f) Într-un bol care se poate găti cu microunde, combinați o mână de caramele cu o treime din frișca grea pentru frișcă. Se încălzește în cuptorul cu microunde în trepte de 10 secunde, amestecând după fiecare rundă, pentru un total de 30 de secunde pentru a preveni arderea.
g) Înmuiați capetele bețișoarelor de prăjitură în caramelul topit. Acest lucru va ajuta bilele de aluat să adere de bețișoare.
h) Înmuiați capătul acoperit cu caramel al bețișoarei de aproximativ o jumătate de inch în bilele de aluat rulate și așezați-le pe foaia de copt pregătită.
i) Opțional: Congelați cake pops-urile cu bețișoarele timp de 15-20 de minute pentru a le face mai ușor de înmuiat în caramel.

j) În timp ce cake pops se întăresc, toacă alunele și pune-le într-un castron. De asemenea, pregătiți garniturile de cupcake.

k) Se încălzește caramelul rămas și smântâna grea pentru frișcă într-o cratiță la foc mic, amestecând continuu până se omogenizează și se topesc.

l) Scoateți caramelul topit călduț cu o lingură mare și răsuciți bucățile de prăjitură în lingură, în loc să le scufundați direct.

m) Imediat după ce răsuciți cake pops-urile în caramelul fierbinte, scufundați-le în alunele mărunțite, apoi puneți-le în garniturile de cupcake.

n) Răciți cake pops-urile la frigider pentru a le menține forma și prospețimea. Scoate-le din frigider cu cel puțin 10 minute înainte de servire.

71.Biluțe de tort cu caramele sărate

INGREDIENTE:
PENTRU BILELE DE CAKET:
- 1 cutie de amestec de tort caramel
- ½ cană de unt nesărat, înmuiat
- ½ cană de lapte integral
- 3 ouă mari

PENTRU UMPLUREA DE CARAMEL SARAT:
- 1 cană de sos caramel cumpărat din magazin sau de casă
- ½ linguriță de sare de mare

PENTRU ACOPERIMENTUL DE DULCE:
- 12 uncii de bomboane cu aromă de caramel se topesc
- 2 linguri de ulei vegetal sau shortening
- Sare de mare grunjoasă (pentru garnitură, opțional)

PENTRU MONTAREA BILUTELOR DE TORȚ:
- Bețișoare de cake pop sau bețișoare de acadele

INSTRUCȚIUNI:
PENTRU BILELE DE CAKET:
a) Preîncălziți cuptorul la temperatura specificată pe cutia de amestec pentru tort.
b) Ungeți și făinați o tavă de copt sau tapetați-o cu hârtie de copt.
c) Într-un castron, pregătiți amestecul de tort caramel conform instrucțiunilor de pe ambalaj, folosind unt nesărat, lapte integral și ouă.
d) Coacem prajitura in cuptorul preincalzit pana cand o scobitoare introdusa in centru iese curata.
e) Lăsați tortul să se răcească complet.

PENTRU UMPLUREA DE CARAMEL SARAT:
f) Într-un castron separat, amestecați sosul de caramel cu sare de mare până se combină bine.

PENTRU A ASSAMLA BILELE DE PRACTIC:
g) Se sfărâmă tortul răcit în firimituri fine folosind mâinile sau un robot de bucătărie.
h) Amestecați umplutura de caramel sărat în firimiturile de tort până se omogenizează bine.

i) Rulați amestecul în bile mici de prăjitură, de dimensiunea unei mingi de ping pong, și așezați-le pe o foaie de copt tapetată cu pergament.

j) Răciți bilele de tort la frigider pentru aproximativ 30 de minute sau până când sunt ferme.

PENTRU ACOPERIMENTUL DE DULCE:

k) Într-un castron sigur pentru cuptorul cu microunde, topiți bomboane topite cu aromă de caramel sau fulgi de ciocolată cu aromă de caramel cu ulei vegetal sau scurtare la intervale scurte, amestecând între ele până la omogenizare.

l) A termina:

m) Înmuiați vârful unui bețișor de prăjitură în stratul de bomboane topite și introduceți-l în centrul unei bile de prăjitură răcită, cam la jumătatea drumului.

n) Înmuiați întreaga bila de tort în stratul de bomboane topite, asigurându-vă că este complet acoperită.

o) Opțional, stropiți fiecare bilă de tort cu un praf de sare de mare grunjoasă pentru o explozie suplimentară de aromă.

p) Așezați bilele de prăjitură în poziție verticală într-un bloc de polistiren sau într-un suport de prăjitură pentru a permite stratului de bomboane să se întărească complet.

72.Cake Pops cu ciocolată și caramel

INGREDIENTE:
- 1 cutie de amestec de tort de ciocolata
- 1 cană sos caramel
- 1 cană glazură de ciocolată
- 12 uncii de bomboane de ciocolată cu lapte se topesc
- Bomboane de caramel zdrobite pentru decor

INSTRUCȚIUNI:
a) Pregătiți amestecul de tort de ciocolată conform instrucțiunilor de pe ambalaj. Se lasa sa se raceasca complet.
b) Se sfărâmă tortul într-un castron mare și se amestecă cu sosul de caramel și glazura de ciocolată până se combină bine.
c) Rulați amestecul în bile mici și puneți-le pe o tavă de copt tapetată cu hârtie de copt.
d) Topiți bomboane de ciocolată cu lapte conform instrucțiunilor de pe ambalaj.
e) Înmuiați vârful unui bețișor de acadele în ciocolata topită și introduceți-l într-o bilă de tort. Repetați cu bilele de prăjitură rămase.
f) Înmuiați fiecare prajitură în ciocolata topită, eliminând orice exces.
g) Presărați bomboane de caramel zdrobite deasupra fiecărei prăjituri pentru decor.
h) Lăsați cake pops să se aseze pe hârtie de pergament până când stratul de ciocolată se întărește.

73.Cake Pops cu nucă de cocos și caramel

INGREDIENTE:
- 1 cutie de amestec de tort cu vanilie
- 1 cană sos caramel
- 1 cană nucă de cocos mărunțită
- 1 cană glazură de vanilie
- 12 uncii de bomboane albe se topesc
- Fulgi de cocos prajiti pentru garnitura

INSTRUCȚIUNI:
a) Pregătiți amestecul de tort cu vanilie conform instrucțiunilor de pe ambalaj. Se lasa sa se raceasca complet.
b) Se sfărâmă tortul într-un castron mare și se amestecă cu sosul de caramel, nuca de cocos mărunțită și glazura de vanilie până se combină bine.
c) Rulați amestecul în bile mici și puneți-le pe o tavă de copt tapetată cu hârtie de copt.
d) Topiți bomboane albe topite conform instrucțiunilor de pe ambalaj.
e) Înmuiați vârful unui bețișor de acadele în bomboane topite și introduceți-l într-o bilă de tort. Repetati cu bilele de prăjitură rămase.
f) Înmuiați fiecare prajitură în bomboane topite, eliminând orice exces.
g) Rulați prăjiturile înmuiate în fulgi de cocos prăjiți pentru decor.
h) Lăsați cake pops să se aseze pe hârtie de pergament până când stratul de bomboane se întărește.

74. Cake Pops cu nuci pecan și caramel

INGREDIENTE:
- 1 cutie de amestec galben de tort
- 1 cană sos caramel
- 1 cană nuci pecan tocate
- 1 cană de glazură cu cremă de brânză
- 12 uncii de bomboane topite cu aromă de caramel
- Nuci pecan tocate pentru decor

INSTRUCȚIUNI:
a) Pregătiți amestecul galben de tort conform instrucțiunilor de pe ambalaj. Se lasa sa se raceasca complet.
b) Se sfărâmă tortul într-un castron mare și se amestecă cu sosul de caramel, nucile pecan tocate și glazura de brânză până se combină bine.
c) Rulați amestecul în bile mici și puneți-le pe o tavă de copt tapetată cu hârtie de copt.
d) Topiți bomboanele cu aromă de caramel conform instrucțiunilor de pe ambalaj.
e) Înmuiați vârful unui bețișor de acadele în bomboane topite și introduceți-l într-o bilă de tort. Repetați cu bilele de prăjitură rămase.
f) Înmuiați fiecare prajitură în bomboane topite, eliminând orice exces.
g) Presărați nuci pecan tocate deasupra fiecărui prăjitură pentru ornat.
h) Lăsați cake pops să se aseze pe hârtie de pergament până când stratul de bomboane se întărește.

75.Cake Pops cu banane cu caramel

INGREDIENTE:
- 1 cutie de amestec de tort cu banane
- 1 cană sos caramel
- 1 cană piure de banane coapte
- 1 cană glazură de vanilie
- 12 uncii de bomboane de ciocolată albă se topesc
- Chipsuri de banane zdrobite pentru ornat

INSTRUCȚIUNI:
a) Pregătiți amestecul de prăjitură cu banane conform instrucțiunilor de pe ambalaj. Se lasa sa se raceasca complet.
b) Se sfărâmă tortul într-un castron mare și se amestecă cu sosul de caramel, piureul de banane coapte și glazura de vanilie până se combină bine.
c) Rulați amestecul în bile mici și puneți-le pe o tavă de copt tapetată cu hârtie de copt.
d) Topiți bomboane de ciocolată albă conform instrucțiunilor de pe ambalaj.
e) Înmuiați vârful unui bețișor de acadele în bomboane topite și introduceți-l într-o bilă de tort. Repetați cu bilele de prăjitură rămase.
f) Înmuiați fiecare prajitură în bomboane topite, eliminând orice exces.
g) Presărați chipsuri de banane zdrobite deasupra fiecărui prăjitură pentru ornat.
h) Lăsați cake pops să se aseze pe hârtie de pergament până când stratul de bomboane se întărește.

COOKIE CAKE POPS

76. Biscuiți și prăjituri cu cremă

INGREDIENTE:
PENTRU CAKE POPS:
- 1 cutie de amestec de tort de ciocolata
- ½ cană de unt nesărat, înmuiat
- ½ cană de lapte integral
- 3 ouă mari
- 1 cană de prăjituri de tip sandwich cu ciocolată zdrobite (cum ar fi Oreo)

PENTRU ÎNCOPILUL DE CIOOCOLATĂ ALBĂ:
- 12 uncii de bomboane albe topite sau chipsuri de ciocolată albă
- 2 linguri de ulei vegetal sau shortening

PENTRU MONTAREA CAKE POPS:
- Bețișoare de cake pop sau bețișoare de acadele

INSTRUCȚIUNI:
PENTRU CAKE POPS:
a) Preîncălziți cuptorul la temperatura specificată pe cutia de amestec pentru tort.
b) Ungeți și făinați o tavă de copt sau tapetați-o cu hârtie de copt.
c) Într-un castron, pregătiți amestecul de tort de ciocolată conform instrucțiunilor de pe ambalaj, folosind unt nesărat, lapte integral și ouă.
d) Îndoiți prăjiturile de sandviș cu ciocolată zdrobite în aluatul de tort până se combină bine.
e) Coacem prajitura in cuptorul preincalzit pana cand o scobitoare introdusa in centru iese curata.
f) Lăsați tortul să se răcească complet.

PENTRU A MONTA CAKE POPS:
g) Se sfărâmă tortul răcit în firimituri fine folosind mâinile sau un robot de bucătărie.
h) Rulați amestecul în bile mici de prăjitură, de dimensiunea unei mingi de ping pong, și așezați-le pe o foaie de copt tapetată cu pergament.
i) Răciți bilele de tort la frigider pentru aproximativ 30 de minute sau până când sunt ferme.

PENTRU ÎNCOPILUL DE CIOOCOLATĂ ALBĂ:

j) Într-un castron sigur pentru cuptorul cu microunde, topiți bomboane albe topite sau fulgi de ciocolată albă cu ulei vegetal sau scurtare la intervale scurte, amestecând între ele până la omogenizare.

A TERMINA:
k) Înmuiați vârful unui baton de prăjitură în ciocolata albă topită și introduceți-l în centrul unei bile de prăjitură răcită, cam la jumătatea drumului.

l) Înmuiați întregul cake pop în ciocolata albă topită, asigurându-vă că este complet acoperit.

m) Opțional, decorați prajiturile cu prăjituri suplimentare de tip sandviș cu ciocolată zdrobite deasupra, în timp ce stratul este încă umed.

n) Așezați prajitura în poziție verticală într-un bloc de polistiren sau într-un suport de prăjitură pentru a permite stratului de ciocolată albă să se întărească complet.

77.Biscoff Cake Pops

INGREDIENTE:
- 2 căni de prăjituri Biscoff mărunțite
- ½ cană cremă de brânză, moale
- 12 uncii de ciocolată albă, topită
- Bețișoare de acadele
- Prajituri sau fursecuri Biscoff zdrobite (pentru decor)

INSTRUCȚIUNI:
a) Într-un castron, amestecați prăjiturile Biscoff mărunțite și cremă de brânză moale, până se omogenizează bine.
b) Rulați amestecul în bile mici, de aproximativ 1 inch în diametru, și puneți-le pe o tavă de copt tapetată cu pergament.
c) Introduceți un bețișor de acadele în fiecare bilă de tort și congelați-o aproximativ 30 de minute pentru a se întări.
d) Înmuiați fiecare prajitură în ciocolata albă topită, lăsând orice exces să se scurgă.
e) Decorați imediat cake pops-urile cu stropi sau fursecuri Biscoff zdrobite înainte ca ciocolata să se înmulțească.
f) Puneți prăjitura în poziție verticală într-un bloc de spumă sau spumă de polistiren pentru a le permite să se usuce și să se întărească complet.
g) Odată ce ciocolata s-a întărit, sunt gata de servit.

78.Cake Pops cu biscuiți cu animale înghețate

INGREDIENTE:
- 2 pungi (9 uncii fiecare) de prăjituri de circ înghețate
- 1 bloc de crema de branza
- 1 pungă (12 uncii) de ciocolată albă topită
- 1 pungă (12 uncii) de ciocolată roz topită
- Rainbow Sprinkles
- Bețișoare Cake Pop

INSTRUCȚIUNI:
a) Începeți prin a rezerva aproximativ 8 prăjituri de animale și procesați fursecurile rămase într-un robot de bucătărie până se măcina fin.
b) Combinați fursecurile procesate și crema de brânză într-un castron mare, asigurând o amestecare completă.
c) Rulați amestecul în bile de 1 inch și puneți-le pe hârtie de copt.
d) Dați la frigider aproximativ o oră.
e) Topiți ciocolata albă și roz în boluri separate, folosind intervale de 45 de secunde în cuptorul cu microunde și amestecând după fiecare până la omogenizare.
f) Preluați bilele de prăjitură răcite. Înmuiați capătul fiecărui baton de prăjitură în ciocolata albă topită și introduceți-l ușor la jumătate în prajitura, ținând-o în palmă, după cum este necesar.
g) Puneți prăjiturile la frigider pentru 5-10 minute pentru a se întări.
h) Scoateți din frigider și înmuiați imediat jumătate din fiecare prăjitură în ciocolata albă și cealaltă jumătate în ciocolata roz.
i) Scuturați excesul de ciocolată și așezați cu grijă pop-urile de prăjitură pe hârtie de pergament, asigurându-vă că bățul stă în poziție verticală. Presărați stropi de curcubeu pe ele înainte ca ciocolata să se apuce.
j) Odată ce s-au întărit complet și s-au întărit, adăugați o cantitate mică de ciocolată la prăjiturile rezervate și atașați-le pe marginea unor cake pops.
k) Serviți și savurați cu deliciul acestor delicii delicioase!

79.Cake Pops pentru prăjituri de aniversare

INGREDIENTE:
- 18 prăjituri de tip sandwich umplute cu cremă, cum ar fi Oreos
- 4 uncii de brânză cremă
- 1 ½ cană chipsuri de ciocolată
- Glaturi asortate, pentru decor
- Stropi asortate, pentru decor
- Lumanari, pentru decor

INSTRUCȚIUNI:
a) Intr-un robot de bucatarie, bateti fursecurile pana cand sunt maruntite grosolan.
b) Adăugați crema de brânză și continuați să pulsați până când amestecul este bine combinat și nu au mai rămas bucăți mari de prăjitură.
c) Folosind mâinile, rulați porțiuni din amestecul de fursecuri în bile de 1 inch, apoi aplatizați-le ușor pentru a crea pop-uri în formă de pucioasă.
d) Introduceți un băț de acadele în fiecare biscuit și așezați-le pe o foaie de copt tapetată cu hârtie de copt. Congelați pop-urile timp de 30 de minute.
e) Topiți chipsurile de ciocolată în cuptorul cu microunde la intervale de 30 de secunde, amestecând între fiecare interval.
f) Înmuiați biscuiții în ciocolata topită, scuturând orice exces, apoi acoperiți-le cu stropi. Puneți pops-urile pe foaia de copt până când ciocolata se întărește.
g) Odată așezat, trageți un chenar de glazură în jurul marginii fiecărui pop. Tăiați lumânările și introduceți-le în partea de sus a fiecărei biscuiți.
h) Se serveste imediat sau se pastreaza la frigider pana este gata de servire. Bucurați-vă de aceste delicii încântătoare la sărbătoarea voastră!

80.Cake Pops pentru prăjituri cu bucăți de ciocolată

INGREDIENTE:
Pentru tort:
- ½ cană unt nesărat, înmuiat
- ½ cană zahăr
- ½ cană zahăr brun deschis
- 2 lingurite extract pur de vanilie
- 5 linguri smantana
- 2 oua
- 1 ⅔ cană făină
- 1 ¾ linguriță de praf de copt
- ¼ lingurita sare
- 5 linguri lapte
- 3 linguri de apa
- ¾ cană mini chipsuri de ciocolată

PENTRU GLAURA:
- ½ cană unt nesărat, înmuiat
- ¼ cană zahăr brun deschis
- 1 ¼ cană de zahăr pudră
- ½ lingură lapte
- ¼ lingurita de vanilie
- ⅛ linguriță sare

PENTRU MONTAJUL CAKE POP:
- 20 uncii de ciocolată neagră
- 36 de betisoare de bomboane
- ¼ cană mini chipsuri de ciocolată

INSTRUCȚIUNI:
Pentru tort:
a) Preîncălziți cuptorul la 350 de grade Fahrenheit. Ungeți o tavă dreptunghiulară de 13x9 cu spray antiaderent și lăsați deoparte.
b) Într-un bol de amestecare, cremă împreună zaharurile și untul folosind un mixer cu suport cu accesoriul cu paletă până devine ușor și pufos, aproximativ 3 minute. Se adauga smantana si se amesteca pana se omogenizeaza. Apoi adăugați ouăle pe rând împreună cu vanilia și amestecați până se omogenizează.

c) Într-un castron mediu separat, amestecați făina, praful de copt și sarea. Într-un alt castron mic, amestecați apa și laptele. Adăugați jumătate din ingredientele uscate în aluat și amestecați până se omogenizează. Apoi adăugați amestecul de lapte și amestecați până se omogenizează. La final, adăugați ingredientele uscate rămase și amestecați până se omogenizează.

d) Adăugați ușor mini-chipsurile de ciocolată. Transferați aluatul în vasul de copt pregătit și coaceți aproximativ 20 de minute sau până când o scobitoare introdusă iese curată. Lăsați tortul să se răcească complet.

PENTRU GLAURA:
e) Odată ce prăjitura s-a răcit, pregătiți glazura amestecând împreună untul și zahărul brun în bolul unui mixer până devine cremos. Adaugam zaharul pudra si batem inca 2 minute. Apoi adăugați laptele, vanilia și sarea și amestecați până se omogenizează.

PENTRU MONTAJUL CAKE POP:
f) Se sfărâmă tortul răcit în tava de copt și se adaugă firimiturile la glazura pregătită. Amestecați folosind atașamentul cu paletă până când se combină, aproximativ 5-10 secunde.

g) Tapetați o foaie de copt cu hârtie de copt. Scoateți aproximativ 1 ½ lingură din amestecul de tort și glazură, rulați în bile și puneți-le pe hârtie de pergament. Dați la frigider aproximativ 1 oră pentru a se întări.

h) Topiți ciocolata neagră în cuptorul cu microunde la intervale de 30 de secunde, amestecând între fiecare interval.

i) Înmuiați un baton de bomboane la aproximativ 1 inch adâncime în ciocolata topită și apoi introduceți-l într-o bilă de tort. Înmuiați bila de tort în ciocolata topită, îndepărtați orice exces și puneți-o pe hârtie de copt să se usuce. Stropiți rapid cu mini chipsuri de ciocolată înainte ca ciocolata să se întărească.

j) Repetați procesul de scufundare cu bilele de prăjitură rămase, lucrând în loturi dacă este necesar. Lăsați cake pops să se usuce complet.

k) Păstrați cake pop-urile într-un recipient de depozitare la temperatura camerei timp de până la 3 zile. Bucurați-vă de aceste delicii delicioase!

81. Lofthouse Cookie Cake Pops

INGREDIENTE:
- 10 fursecuri Lofthouse
- 4 uncii de brânză cremă, înmuiată
- 8 uncii de ciocolată albă, tocată
- 1-2 linguri ulei de cocos
- Stropi (optional)

INSTRUCȚIUNI:
a) Puneți fursecurile Lofthouse în bolul unui mixer și amestecați la viteză medie până se sfărâmă fin.
b) Adăugați crema de brânză înmuiată la fursecurile mărunțite și amestecați până când amestecul este omogen.
c) Scoateți aproximativ 1,5 linguri de aluat și rulați-l în bile cu mâinile. Așezați biluțele de aluat pe o foaie de biscuiți tapetată cu hârtie de copt sau hârtie ceară.
d) Topiți ciocolata albă cu jumătate din uleiul de cocos, fie la fierbere, fie la cuptorul cu microunde, în trepte de 30 de secunde. Adăugați mai mult ulei de cocos dacă ciocolata este prea groasă.
e) Înmuiați capătul unui baton de prăjitură în ciocolata topită și introduceți-l cam la jumătate în fiecare bila de aluat.
f) Puneți foaia de biscuiți cu biluțele de aluat la frigider pentru 5 minute pentru a se întări.
g) Înmuiați fiecare bilă de aluat în ciocolata topită, acoperindu-o complet și acoperiți cu stropi, dacă doriți.
h) Așezați cake pop-urile acoperite pe foaia de biscuiți sau, pentru o prezentare mai bună, împingeți capătul batonului într-o bucată de polistiren pentru a se ridica.
i) Lăsați ciocolata să se întărească cel puțin 10 minute înainte de servire.
j) Bucurați-vă de aceste delicioase Lofthouse Cookie Cake Pops ca un deliciu delicios pentru orice ocazie!

82.Cake Pops din aluat de biscuiti

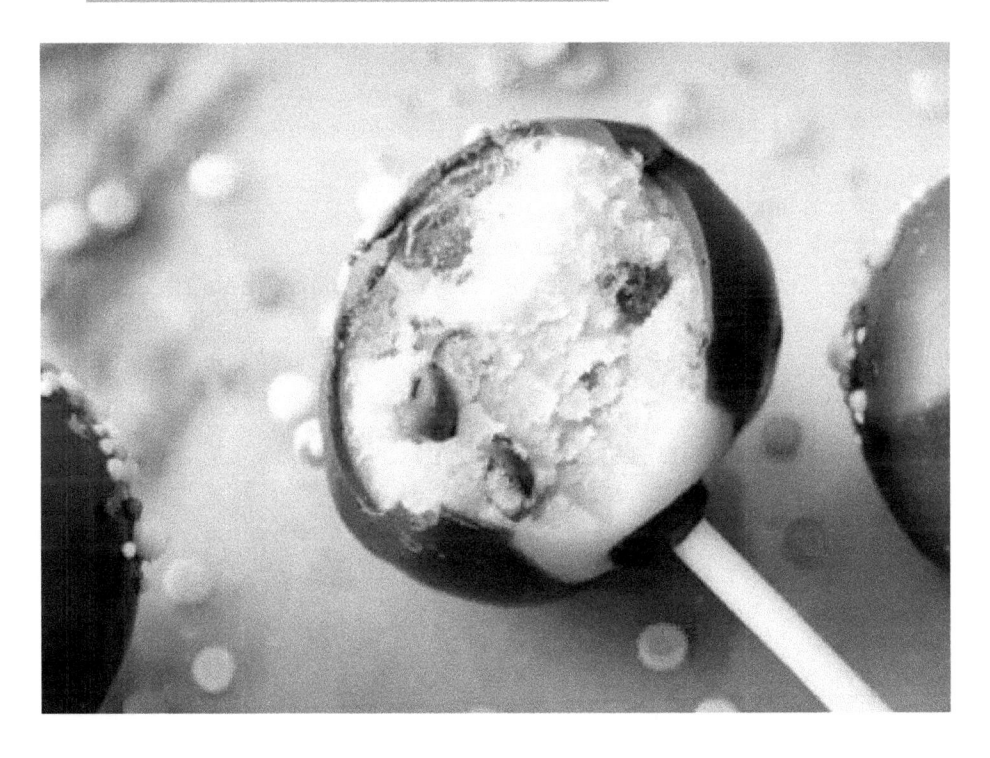

INGREDIENTE:
- 1 ¾ cană de făină universală
- 1 cană unt nesărat, înmuiat la temperatura camerei
- 1 ½ cană de zahăr brun bine ambalat
- ¼ cană zahăr
- 1 lingurita extract de vanilie
- ½ lingurita sare
- ½ cană mini chipsuri de ciocolată
- 10 uncii de napolitane de topire de ciocolată neagră
- Stropi (optional)

INSTRUCȚIUNI:
a) Într-un castron mare, folosind un mixer electric, amestecați untul înmuiat și zaharurile până devine cremos.
b) Adăugați extractul de vanilie și sarea și amestecați bine.
c) Adăugați treptat amestecul de făină răcit, cernut, amestecând până se combină complet.
d) Se amestecă mini-chipsurile de ciocolată.
e) Scoateți aluatul de biscuiți în bile de dimensiunea 1 ½ lingură și rulați între palme până când se omogenizează.
f) Așezați bilele de aluat pe o foaie de prăjituri tapetată cu hârtie de ceară și lăsați-le la frigider timp de 20 de minute (evitați să răciți mai mult deoarece poate afecta introducerea bețișoarelor de prăjitură).
g) În timp ce aluatul se răcește, pregătiți o cutie sau o bucată de spumă de polistiren făcând o gaură mică pentru a vă asigura că se potrivește și va fi susținută un bețișor de cake pop.
h) Odată ce bilele de aluat de prăjituri s-au răcit, pregătiți napolitanele care se topesc într-un castron mic conform instrucțiunilor de pe ambalaj.
i) Înmuiați un capăt al bastonului de prăjitură de aproximativ ½ inch în ciocolata neagră topită, apoi introduceți-l ușor cam la jumătate într-o bilă de aluat de prăjituri.
j) Țineți bățul și înmuiați aluatul de fursecuri în vasul cu ciocolată neagră topită. Scurgeți excesul de ciocolată și adăugați imediat stropii. Puneți bețișorul în cutia pregătită sau în spumă de polistiren pentru a permite ciocolatei să se întărească înainte de depozitare sau servire.
k) Bucurați-vă de aceste încântători prăjituri de aluat de biscuiți ca un deliciu delicios!

CAKE POPS DE VACANȚĂ

83.Cake Pops de Ziua Îndrăgostiților

INGREDIENTE:
- 1 cutie de amestec de tort Red Velvet
- 1 cană de glazură cu cremă de brânză
- 12 uncii de bomboane roșii se topesc
- Stropiri cu tematica de Valentine's Day sau bomboane in forma de inima pentru decor

INSTRUCȚIUNI:
a) Pregătiți amestecul de tort de catifea roșie conform instrucțiunilor de pe ambalaj. Se lasa sa se raceasca complet.
b) Se sfărâmă tortul într-un castron mare și se amestecă cu glazura de brânză până se combină bine.
c) Rulați amestecul în bile mici și puneți-le pe o tavă de copt tapetată cu hârtie de copt.
d) Topiți bomboane roșii conform instrucțiunilor de pe ambalaj.
e) Înmuiați vârful unui bețișor de acadele în bomboane topite și introduceți-l într-o bilă de tort. Repetați cu bilele de prăjitură rămase.
f) Înmuiați fiecare prajitură în bomboane topite, eliminând orice exces.
g) Decorați cu stropi de Ziua Îndrăgostiților sau bomboane în formă de inimă.
h) Lăsați cake pops să se aseze pe hârtie de pergament până când stratul de bomboane se întărește.

84.Cake Pops de Halloween

INGREDIENTE:
- 1 cutie de amestec de tort de ciocolata
- 1 cană glazură de ciocolată
- 12 uncii de bomboane de portocale se topesc
- Glazură neagră pentru decorare
- Stropiri cu tematică de Halloween sau ochi de bomboane pentru decor

INSTRUCȚIUNI:
a) Pregătiți amestecul de tort de ciocolată conform instrucțiunilor de pe ambalaj. Se lasa sa se raceasca complet.
b) Se sfărâmă tortul într-un castron mare și se amestecă cu glazura de ciocolată până se omogenizează bine.
c) Rulați amestecul în bile mici și puneți-le pe o tavă de copt tapetată cu hârtie de copt.
d) Topiți bomboanele de portocale conform instrucțiunilor de pe ambalaj.
e) Înmuiați vârful unui bețișor de acadele în bomboane topite și introduceți-l într-o bilă de tort. Repetați cu bilele de prăjitură rămase.
f) Înmuiați fiecare prajitură în bomboane topite, eliminând orice exces.
g) Folosiți glazură neagră pentru decorare pentru a desena fețe înfricoșătoare sau modele pe cake pops.
h) Decorați cu stropi de Halloween sau cu ochi de bomboane.
i) Lăsați cake pops să se aseze pe hârtie de pergament până când stratul de bomboane se întărește.

85.Cake Pops de Paște

INGREDIENTE:
- 1 cutie de amestec de tort cu morcovi
- 1 cană de glazură cu cremă de brânză
- 12 uncii de bomboane topite de culoare pastel (cum ar fi roz, albastru sau galben)
- Presarate asortate cu tematică de Paște sau decorațiuni de bomboane pentru decor

INSTRUCȚIUNI:
a) Pregătiți amestecul de tort cu morcovi conform instrucțiunilor de pe ambalaj. Se lasa sa se raceasca complet.
b) Se sfărâmă tortul într-un castron mare și se amestecă cu glazura de brânză până se combină bine.
c) Rulați amestecul în bile mici și puneți-le pe o tavă de copt tapetată cu hârtie de copt.
d) Topiți bomboanele de culoare pastelate conform instrucțiunilor de pe ambalaj.
e) Înmuiați vârful unui bețișor de acadele în bomboane topite și introduceți-l într-o bilă de tort. Repetați cu bilele de prăjitură rămase.
f) Înmuiați fiecare prajitură în bomboane topite, eliminând orice exces.
g) Decorați cu stropi asortate cu tematică de Paște sau decorațiuni de bomboane.
h) Lăsați cake pops să se aseze pe hârtie de pergament până când stratul de bomboane se întărește.

86.Cake Pops din 4 iulie

INGREDIENTE:
- 1 cutie de amestec alb pentru tort
- 1 cană glazură de vanilie
- 12 uncii de bomboane roșii, albe și albastre topite (sau colorant alimentar roșu, alb și albastru pentru ciocolata albă)
- Presărate patriotice sau sclipici comestibile pentru decor

INSTRUCȚIUNI:
a) Pregătiți amestecul alb de tort conform instrucțiunilor de pe ambalaj. Se lasa sa se raceasca complet.
b) Se sfărâmă tortul într-un castron mare și se amestecă cu glazura de vanilie până se combină bine.
c) Rulați amestecul în bile mici și puneți-le pe o tavă de copt tapetată cu hârtie de copt.
d) Topiți bomboanele roșii, albe și albastre separat, conform instrucțiunilor de pe ambalaj (sau topiți ciocolata albă și colorați-o cu colorant alimentar roșu și albastru).
e) Înmuiați fiecare prajitură în bomboane topite, câte o culoare, eliminând orice exces.
f) Puneți prajitura din nou pe hârtie de pergament și decorați cu stropi patriotice sau sclipici comestibile.
g) Lăsați cake pops să se aseze pe hârtie de pergament până când stratul de bomboane se întărește.

87.Cake Pops de Ziua Recunoștinței

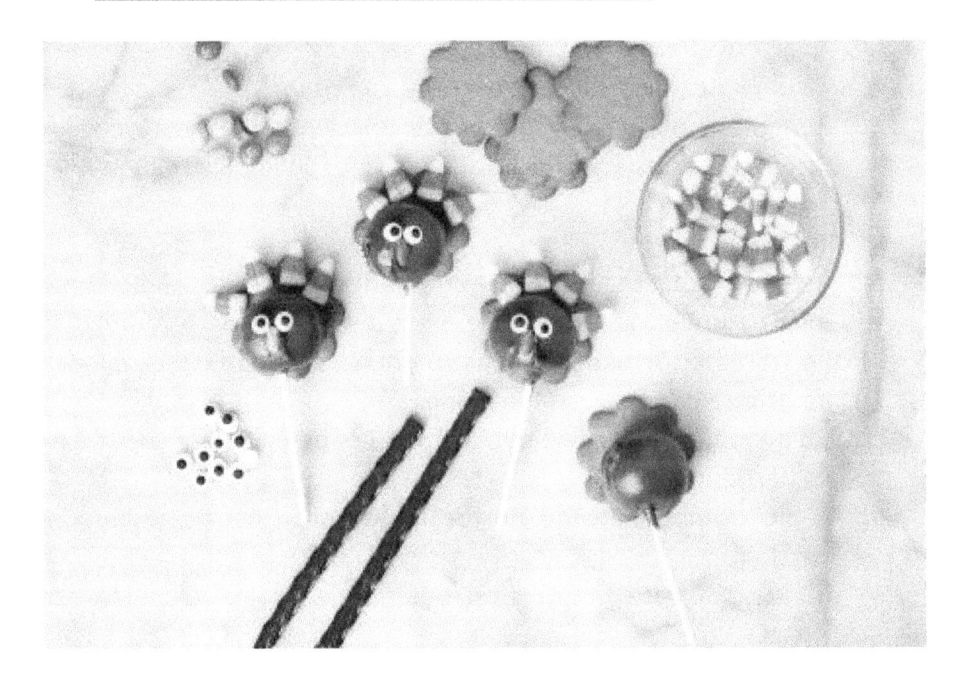

INGREDIENTE:
- 1 cutie de amestec de tort cu condimente de dovleac
- 1 cană de glazură cu cremă de brânză
- 12 uncii de bomboane de portocale se topesc
- Bomboane maro se topesc sau ciocolată pentru decorare
- Stropi de toamnă sau decorațiuni comestibile pentru decor

INSTRUCȚIUNI:
a) Pregătiți amestecul de tort cu condimente de dovleac conform instrucțiunilor de pe ambalaj. Se lasa sa se raceasca complet.
b) Se sfărâmă tortul într-un castron mare și se amestecă cu glazura de brânză până se combină bine.
c) Rulați amestecul în bile mici și puneți-le pe o tavă de copt tapetată cu hârtie de copt.
d) Topiți bomboanele de portocale conform instrucțiunilor de pe ambalaj.
e) Înmuiați fiecare prajitură în bomboane topite, eliminând orice exces.
f) Odată setat, topește bomboane maro topite sau ciocolată și folosește-o pentru a desena fețe de curcan sau alte modele cu tematică de Ziua Recunoștinței.
g) Decorați cu stropi de toamnă sau decorațiuni comestibile.
h) Lăsați cake pops să se aseze pe hârtie de pergament până când stratul de bomboane se întărește.

88.Cake Pops de ziua Sf. Patrick

INGREDIENTE:

- 1 cutie de amestec de tort de ciocolata
- 1 cană glazură de ciocolată
- 12 uncii de bomboane verzi se topesc
- Praf comestibil de aur sau stropi de aur pentru decor

INSTRUCȚIUNI:

a) Pregătiți amestecul de tort de ciocolată conform instrucțiunilor de pe ambalaj. Se lasa sa se raceasca complet.
b) Se sfărâmă tortul într-un castron mare și se amestecă cu glazura de ciocolată până se omogenizează bine.
c) Rulați amestecul în bile mici și puneți-le pe o tavă de copt tapetată cu hârtie de copt.
d) Topiți bomboanele verzi conform instrucțiunilor de pe ambalaj.
e) Înmuiați fiecare prajitură în bomboane topite, eliminând orice exces.
f) Presărați praf comestibil auriu sau stropi de aur deasupra fiecărei prăjituri pentru decor.
g) Lăsați cake pops să se aseze pe hârtie de pergament până când stratul de bomboane se întărește.

89.Cake Pops pentru Hanukkah

INGREDIENTE:
- 1 cutie de amestec de tort cu vanilie
- 1 cană glazură de vanilie
- 12 uncii de bomboane albastre se topesc
- Bomboanele albe se topesc
- Praf comestibil argintiu sau stropi de argint pentru decor

INSTRUCȚIUNI:
a) Pregătiți amestecul de tort cu vanilie conform instrucțiunilor de pe ambalaj. Se lasa sa se raceasca complet.
b) Se sfărâmă tortul într-un castron mare și se amestecă cu glazura de vanilie până se combină bine.
c) Rulați amestecul în bile mici și puneți-le pe o tavă de copt tapetată cu hârtie de copt.
d) Topiți bomboanele albastre conform instrucțiunilor de pe ambalaj.
e) Înmuiați fiecare prajitură în bomboane topite albastre, eliminând orice exces.
f) Odată așezat, topește bomboane albe topite și folosește-l pentru a desena modelele Steaua lui David sau alte decorațiuni cu tematică Hanukkah.
g) Presărați praf comestibil argintiu sau stropi de argint deasupra fiecărei prăjituri pentru decor.
h) Lăsați cake pops să se aseze pe hârtie de pergament până când stratul de bomboane se întărește.

90.Pops de Crăciun

INGREDIENTE:
PENTRU CEAAIUL RUSESTI:
- 1 Rețetă Prăjituri rusești de ceai, coapte și răcite complet, dar nu tavate în zahăr

PENTRU GLAURA:
- 4 căni de zahăr de cofetă
- 1/3 cană lapte fierbinte
- 3 linguri de unt nesarat, inmuiat
- 1 lingura sirop de porumb usor
- 1 lingurita extract de vanilie
- 1 lingurita ulei vegetal
- 1/4 lingurita sare
- Colorant alimentar roșu și verde
- 4 uncii de ciocolată albă semidulce, topită (opțional)

INSTRUCȚIUNI:
PENTRU PRĂJTIILE DE CEAAI RUSESTI (PREZEIURI):
a) Pregătește un lot de prăjituri de ceai rusești urmând rețeta pe care o ai. Coaceți fursecurile și lăsați-le să se răcească complet, dar nu le rulați în zahăr. Pus deoparte.
b) Pentru glazura:
c) Într-un bol de mărime medie, pune zahărul de cofetarie. Amestecați treptat laptele fierbinte până obțineți o consistență netedă a glazurei.
d) Adăugați untul nesărat înmuiat și amestecați până se omogenizează bine.
e) Se amestecă siropul ușor de porumb, extractul de vanilie, uleiul vegetal și un praf de sare până când amestecul este omogen.
f) Împărțiți glazura în jumătate. Nuanță o jumătate cu colorant alimentar roșu și cealaltă jumătate cu colorant alimentar verde, creând culori festive de Crăciun.
MONTAREA CĂCIUNULUI Pops:
g) Luați fiecare prăjitură de ceai ruseasca răcită și înmuiați-o complet în glazura colorată, una câte una. Lăsați excesul de glazură să se scurgă și puneți fursecurile acoperite pe un grătar așezat peste un ziar să se

usuce. Acest lucru va ajuta la prinderea picăturilor și va face curățarea mai ușoară.

h) Odată ce primul strat de glazură este uscat, repetați procesul de scufundare pentru a asigura un strat de glazură mai gros și mai uniform.

i) După ce s-a uscat al doilea strat, poți fi creativ prin stropirea de glazură rămasă peste Pops într-un design atractiv. Alternativ, puteți opta pentru a picura ciocolată albă semidulce topită pentru o notă decorativă adăugată.

j) Lăsați pops-urile să se întărească și glazura să se întărească înainte de a servi sau a face cadou aceste delicii de Crăciun.

VEGGIE CAKE POPS

91.Cake Pops cu dovlecei

INGREDIENTE:
- 1 cană de dovlecel mărunțit
- 1 cutie de amestec de tort cu condimente
- 1 cană de glazură cu cremă de brânză
- 12 uncii de bomboane de ciocolată albă se topesc
- Nuci tocate pentru ornat

INSTRUCȚIUNI:
a) Preîncălziți cuptorul conform instrucțiunilor de pe cutia de amestec pentru tort. Unge și făină o tavă de tort.
b) Pregătiți amestecul de tort cu condimente conform instrucțiunilor de pe ambalaj, apoi adăugați dovlecelul mărunțit.
c) Turnați aluatul în tava de tort pregătită și coaceți conform instrucțiunilor de pe ambalaj. Se lasa sa se raceasca complet.
d) Se sfărâmă tortul răcit într-un castron mare și se amestecă cu glazura de brânză până se combină bine.
e) Rulați amestecul în bile mici și puneți-le pe o tavă de copt tapetată cu hârtie de copt.
f) Topiți bomboane de ciocolată albă conform instrucțiunilor de pe ambalaj.
g) Înmuiați vârful unui bețișor de acadele în ciocolata topită și introduceți-l într-o bilă de tort. Repetați cu bilele de prăjitură rămase.
h) Înmuiați fiecare prajitură în ciocolata topită, eliminând orice exces.
i) Presarati nuca tocata deasupra fiecarui cake pop pentru decor.
j) Lăsați cake pops să se aseze pe hârtie de pergament până când stratul de ciocolată se întărește.

92.Prăjituri de ciocolată cu sfeclă roșie

INGREDIENTE:
- 1 cană de sfeclă roșie rasă
- 1 cutie de amestec de tort de ciocolata
- 1 cană glazură de ciocolată
- 12 uncii de bomboane de ciocolată neagră se topesc
- Stropi sau flori comestibile pentru decor

INSTRUCȚIUNI:
a) Preîncălziți cuptorul conform instrucțiunilor de pe cutia de amestec pentru tort. Unge și făină o tavă de tort.
b) Pregătiți amestecul de tort cu ciocolată conform instrucțiunilor de pe ambalaj, apoi adăugați sfecla roșie rasă.
c) Turnați aluatul în tava de tort pregătită și coaceți conform instrucțiunilor de pe ambalaj. Se lasa sa se raceasca complet.
d) Se sfărâmă tortul răcit într-un castron mare și se amestecă cu glazura de ciocolată până se combină bine.
e) Rulați amestecul în bile mici și puneți-le pe o tavă de copt tapetată cu hârtie de copt.
f) Topiți bomboane de ciocolată neagră conform instrucțiunilor de pe ambalaj.
g) Înmuiați vârful unui bețișor de acadele în ciocolata topită și introduceți-l într-o bilă de tort. Repetați cu bilele de prăjitură rămase.
h) Înmuiați fiecare prăjitură în ciocolata topită, eliminând orice exces.
i) Decorați cu stropi sau flori comestibile deasupra fiecărui cake pop.
j) Lăsați cake pops să se aseze pe hârtie de pergament până când stratul de ciocolată se întărește.

93.Cake Pops cu cartofi dulci

INGREDIENTE:

- 1 cană piure de cartofi dulci
- 1 cutie de amestec de tort cu condimente
- 1 cană de glazură cu cremă de brânză
- 12 uncii de bomboane de portocale se topesc
- Biscuiți graham zdrobiți pentru garnitură

INSTRUCȚIUNI:

a) Preîncălziți cuptorul conform instrucțiunilor de pe cutia de amestec pentru tort. Unge și făină o tavă de tort.
b) Pregătiți amestecul de tort cu condimente conform instrucțiunilor de pe ambalaj, apoi adăugați piureul de cartofi dulci.
c) Turnați aluatul în tava de tort pregătită și coaceți conform instrucțiunilor de pe ambalaj. Se lasa sa se raceasca complet.
d) Se sfărâmă tortul răcit într-un castron mare și se amestecă cu glazura de brânză până se combină bine.
e) Rulați amestecul în bile mici și puneți-le pe o tavă de copt tapetată cu hârtie de copt.
f) Topiți bomboanele de portocale conform instrucțiunilor de pe ambalaj.
g) Înmuiați vârful unui bețișor de acadele în bomboane topite și introduceți-l într-o bilă de tort. Repetați cu bilele de prăjitură rămase.
h) Înmuiați fiecare prajitură în bomboane topite, eliminând orice exces.
i) Presărați biscuiți graham zdrobiți deasupra fiecărui cake pop pentru ornat.
j) Lăsați cake pops să se aseze pe hârtie de pergament până când stratul de bomboane se întărește.

94. Pumpkin Spice Cake Pops

INGREDIENTE:
- 1 cană de piure de dovleac conservat
- 1 cutie de amestec de tort cu condimente de dovleac
- 1 cană de glazură cu cremă de brânză
- 12 uncii de bomboane de portocale se topesc
- Stropi în formă de dovleac sau decorațiuni comestibile pentru ornat

INSTRUCȚIUNI:
a) Preîncălziți cuptorul conform instrucțiunilor de pe cutia de amestec pentru tort. Unge și făină o tavă de tort.
b) Pregătiți amestecul de prăjitură cu condimente de dovleac conform instrucțiunilor de pe ambalaj, apoi adăugați piureul de dovleac conservat.
c) Turnați aluatul în tava de tort pregătită și coaceți conform instrucțiunilor de pe ambalaj. Se lasa sa se raceasca complet.
d) Se sfărâmă tortul răcit într-un castron mare și se amestecă cu glazura de brânză până se combină bine.
e) Rulați amestecul în bile mici și puneți-le pe o tavă de copt tapetată cu hârtie de copt.
f) Topiți bomboanele de portocale conform instrucțiunilor de pe ambalaj.
g) Înmuiați vârful unui bețișor de acadele în bomboane topite și introduceți-l într-o bilă de tort. Repetați cu bilele de prăjitură rămase.
h) Înmuiați fiecare prajitură în bomboane topite, eliminând orice exces.
i) Decorați cu stropi în formă de dovleac sau decorațiuni comestibile deasupra fiecărui cake pop.
j) Lăsați cake pops să se aseze pe hârtie de pergament până când stratul de bomboane se întărește.

95.Ube Cake Pops

INGREDIENTE:
- 1 cană igname violet fiartă rasă (ube)
- 1 cutie de amestec de tort cu vanilie
- 1 cană de glazură cu cremă de brânză
- 12 uncii de bomboane violete se topesc
- Bomboane cu aromă de Ube sau stropi pentru garnitură

INSTRUCȚIUNI:
a) Preîncălziți cuptorul conform instrucțiunilor de pe cutia de amestec pentru tort. Unge și făină o tavă de tort.
b) Pregătiți amestecul de prăjitură cu vanilie conform instrucțiunilor de pe ambalaj, apoi adăugați ignama mov fiartă rasă.
c) Turnați aluatul în tava de tort pregătită și coaceți conform instrucțiunilor de pe ambalaj. Se lasa sa se raceasca complet.
d) Se sfărâmă tortul răcit într-un castron mare și se amestecă cu glazura de brânză până se combină bine.
e) Rulați amestecul în bile mici și puneți-le pe o tavă de copt tapetată cu hârtie de copt.
f) Topiți bomboane violete conform instrucțiunilor de pe ambalaj.
g) Înmuiați vârful unui bețișor de acadele în bomboane topite și introduceți-l într-o bilă de tort. Repetați cu bilele de prăjitură rămase.
h) Înmuiați fiecare prajitură în bomboane topite, eliminând orice exces.
i) Decorați cu bomboane cu aromă ube sau stropiți deasupra fiecărui cake pop.
j) Lăsați cake pops să se aseze pe hârtie de pergament până când stratul de bomboane se întărește.

96. Tort cu morcovi Pops

INGREDIENTE:
- 3 căni resturi de tort de morcovi
- 4 linguri Cheesecake lichid
- ½ porție pesmet de lapte, măcinat fin într-un robot de bucătărie
- 3 uncii de ciocolată albă, topită

INSTRUCȚIUNI:
a) Combinați resturile de prăjitură de morcovi și 25 g (2 linguri) de cheesecake lichid în vasul unui mixer cu suport prevăzut cu accesoriul pentru paletă și vâsliți până când sunt suficient de umede pentru a se frământa într-o bilă. Dacă nu este suficient de umed pentru a face acest lucru, adăugați până la 25 g (2 linguri) mai mult cheesecake lichid și frământați-l.
b) Folosind o lingură de supă, împărțiți 12 bile egale, fiecare jumătate de dimensiunea unei mingi de ping-pong. Rotiți fiecare între palmele mâinilor pentru a le modela și netezi într-o sferă rotundă.
c) Puneți firimiturile de lapte măcinate într-un castron mediu. Cu mănuși de latex, puneți 2 linguri de ciocolată albă în palmă și rulați fiecare bilă între palme, acoperind-o cu un strat subțire de ciocolată topită; adăugați mai multă ciocolată după cum este necesar.
d) Pune câte 3 sau 4 bile acoperite cu ciocolată în bolul cu firimituri de lapte. Aruncați-le imediat cu firimiturile pentru a se îmbrăca, înainte ca coaja de ciocolată să se întărească și să nu mai acționeze ca un lipici (dacă se întâmplă acest lucru, doar acoperiți mingea cu un alt strat subțire de ciocolată topită).
e) Dați la frigider cel puțin 5 minute pentru a se întări complet cojile de ciocolată înainte de a le mânca sau de a le păstra. Într-un recipient ermetic, Pops se va păstra până la 1 săptămână la frigider.

CAKE POPS DE NUCI SI SEMINTE

97.Cake Pops cu Migdale Joy

INGREDIENTE:
- 1 cutie de amestec de tort de ciocolata
- 1 cană glazură de ciocolată
- 1/2 cană nucă de cocos mărunțită
- 1/2 cană migdale mărunțite
- 12 uncii de bomboane de ciocolată cu lapte se topesc
- Migdale întregi pentru decor

INSTRUCȚIUNI:
a) Pregătiți amestecul de tort de ciocolată conform instrucțiunilor de pe ambalaj. Se lasa sa se raceasca complet.
b) Se sfărâmă tortul într-un castron mare și se amestecă cu glazura de ciocolată, nuca de cocos mărunțită și migdalele tocate până se combină bine.
c) Rulați amestecul în bile mici și puneți-le pe o tavă de copt tapetată cu hârtie de copt.
d) Topiți bomboane de ciocolată cu lapte conform instrucțiunilor de pe ambalaj.
e) Înmuiați vârful unui bețișor de acadele în ciocolata topită și introduceți-l într-o bilă de tort. Repetați cu bilele de prăjitură rămase.
f) Înmuiați fiecare prajitură în ciocolata topită, eliminând orice exces.
g) Apăsați o migdale întreagă deasupra fiecărei prăjituri pentru decor.
h) Lăsați cake pops să se aseze pe hârtie de pergament până când stratul de ciocolată se întărește.

98.Cake Pops cu unt cu semințe de floarea soarelui

INGREDIENTE:
- 1 cutie de amestec de tort cu vanilie
- 1 cană unt din semințe de floarea soarelui
- 12 uncii de bomboane de ciocolată albă se topesc
- Semințe de floarea soarelui și stropi pentru decor

INSTRUCȚIUNI:
a) Pregătiți amestecul de tort cu vanilie conform instrucțiunilor de pe ambalaj. Se lasa sa se raceasca complet.
b) Se sfărâmă tortul într-un castron mare și se amestecă cu untul de semințe de floarea soarelui până se omogenizează bine.
c) Rulați amestecul în bile mici și puneți-le pe o tavă de copt tapetată cu hârtie de copt.
d) Topiți bomboane de ciocolată albă conform instrucțiunilor de pe ambalaj.
e) Înmuiați vârful unui bețișor de acadele în ciocolata topită și introduceți-l într-o bilă de tort. Repetați cu bilele de prăjitură rămase.
f) Înmuiați fiecare prajitură în ciocolata topită, eliminând orice exces.
g) Apăsați semințele de floarea soarelui pe partea de sus a fiecărei prăjituri pentru decor.
h) Lăsați cake pops să se aseze pe hârtie de pergament până când stratul de ciocolată se întărește.

99.Cake Pops cu fistic

INGREDIENTE:
- 1 cutie de amestec alb pentru tort
- 1 cană pastă de fistic sau fistic măcinat
- 1 cană glazură de vanilie
- 12 uncii de bomboane verzi se topesc
- Fistic zdrobit pentru ornat

INSTRUCȚIUNI:
a) Pregătiți amestecul alb de tort conform instrucțiunilor de pe ambalaj. Se lasa sa se raceasca complet.
b) Se sfărâmă tortul într-un castron mare și se amestecă în pasta de fistic sau fistic măcinat și glazură de vanilie până se combină bine.
c) Rulați amestecul în bile mici și puneți-le pe o tavă de copt tapetată cu hârtie de copt.
d) Topiți bomboanele verzi conform instrucțiunilor de pe ambalaj.
e) Înmuiați vârful unui bețișor de acadele în bomboane topite și introduceți-l într-o bilă de tort. Repetați cu bilele de prăjitură rămase.
f) Înmuiați fiecare prajitură în bomboane topite, eliminând orice exces.
g) Presarati fistic zdrobit deasupra fiecarui pop de prajitura pentru ornat.
h) Lăsați cake pops să se aseze pe hârtie de pergament până când stratul de bomboane se întărește.

100.Pops cu semințe de mac de lămâie

INGREDIENTE:
- 2 căni de prăjitură cu semințe de mac cu lămâie (de la o prăjitură cu semințe de mac cu lămâie la cuptor)
- 1/2 cană glazură de lămâie
- 1 cană chipsuri de ciocolată albă
- 1 lingura ulei vegetal
- coaja de lamaie (pentru garnitura)

INSTRUCȚIUNI:
a) Într-un castron, amestecați firimiturile de prăjitură cu semințe de mac cu lămâie și glazura de lămâie până se combină bine.
b) Formați amestecul în bile mici și puneți-le pe o tavă de copt tapetată.
c) Congelați bilele pentru aproximativ 30 de minute.
d) Topiți chipsurile de ciocolată albă cu ulei vegetal în cuptorul cu microunde sau folosind un boiler.
e) Înmuiați fiecare minge de prăjitură de semințe de mac de lămâie congelată în ciocolata albă topită, acoperind uniform.
f) Ornați partea superioară a fiecărei bile acoperite cu coajă de lămâie.
g) Puneți bilele acoperite înapoi pe tava de copt și dați la frigider până când ciocolata se întărește.

CONCLUZIE

Când ajungem la sfârșitul călătoriei noastre prin „Arta Cake Pops", o facem cu un sentiment de realizare și satisfacție. Prin 100 de rețete irezistibile și nenumărate ore petrecute în bucătărie, am explorat posibilitățile nesfârșite ale cake pops și ne-am perfecționat abilitățile de brutari și decoratori.

Dar dincolo de deliciile delicioase și de creațiile frumoase, ceea ce face cu adevărat specială arta cake pops este bucuria pe care o aduce celorlalți. Indiferent dacă surprindem o persoană dragă cu un răsfăț de casă sau încântăm oaspeții la o petrecere cu creațiile noastre culinare, cake pops au o modalitate de a răspândi fericirea și de a aduce oamenii împreună.

În timp ce ne luăm rămas bun de la această carte de bucate, să ducem mai departe lecțiile învățate și amintirile făcute. Să continuăm să experimentăm, să inovăm și să creăm cu pasiune și entuziasm. Și mai presus de toate, să nu uităm niciodată bucuria simplă de a împărtăși dragostea noastră pentru copt — și cake pops! — cu cei din jurul nostru.

Vă mulțumim că ne-ați alăturat în această dulce aventură. Fie ca cake pops-urile tale să fie mereu delicioase, decorațiunile tale să fie întotdeauna frumoase, iar bucătăria ta să fie mereu plină de râs și dragoste. Coacerea fericită!

www.ingramcontent.com/pod-product-compliance
Ingram Content Group UK Ltd.
Pitfield, Milton Keynes, MK11 3LW, UK
UKHW032212171224
452513UK00010B/606